Check up

Deutsch 7/8

Schroedel

Check up
Deutsch 7/8

Autoren:
Dirk Kollhoff und Angela Vahl

ISBN 978-3-507-23101-6

Druck 1 / Jahr 2007

Umschlaggestaltung: Janssen Kahlert Design & Kommunikation, Hannover
Pictogramme: Thies Schwarz, Hannover
Gesamtherstellung: imprint, Zusmarshausen
Druck und Bindung: pva, Landau

Liebe Schülerin, lieber Schüler,

Check-up wird dir helfen, den Überblick über den Deutschstoff der Jahrgangsstufen 7 und 8 zu bewahren oder ihn zu gewinnen! Du kannst mit diesem Buch kapitelweise oder auch von vorne nach hinten arbeiten. Das gibt dir garantiert eine Menge Übung und Sicherheit.

Alle wichtigen Stoffbereiche des 7. und 8. Schuljahres findest du hier in gut überschaubaren Einheiten. So kannst du gezielt Wissenslücken schließen, deine Kenntnisse und Fertigkeiten im Textverständnis und beim Schreiben eigener Texte verbessern. Jedes Kapitel ist dreigeteilt.

Wissen: Im ersten Teil wird anschaulich und knapp Basiswissen erklärt.
Tests: Jede Menge Aufgaben – damit kannst du dich selbst prüfen.
Lösungen: Der letzte Teil bietet dir weit mehr als nur die richtigen Ergebnisse. Schritt für Schritt werden Lösungswege gezeigt, Tipps und Tricks helfen weiter.

Wenn du im Buch nicht genügend Platz für deine Lösungen hast, solltest du die CD-Version nutzen oder dir ein eigenes Übungsheft anlegen.

Auf der CD-ROM findest Du neben **Audiodateien für Diktate** (im MP3-Format) **alle Tests** sowie **Zusatzaufgaben und Checklisten** zum Ausdrucken. Das Inhaltsverzeichnis zur CD-ROM steht auf Seite 192.

Die Glühbirne kennzeichnet Aufgaben, bei denen du etwas mehr wissen oder auch mal „um die Ecke" denken musst – oder die einfach nur wirklich schwierig sind.

Die Gewitterwolke warnt dich vor typischen Fehlerquellen oder möglichen Missverständnissen.

Das Ausrufezeichen macht dich auf Tipps, Tricks und Regeln aufmerksam, die du dir auf jeden Fall merken solltest.

Viel Erfolg wünscht dir
das Check-up-Team

RECHTSCHREIBUNG UND GRAMMATIK

LESEN UND TEXTVERSTÄNDNIS

1 Groß- und Kleinschreibung

1 Satzanfang

Großgeschrieben werden Wörter aller Wortarten am Satzanfang sowie das erste Wort einer direkten Rede oder eines vollständigen Satzes nach einem Doppelpunkt.

Sagen erzählen vom Leben der Menschen in früherer Zeit.
Eine Leserin meinte: „Das war das Spannendste, was ich seit langem gelesen habe."
Experten fordern: Lest wieder mehr!

2 Substantive (Nomen)

Großgeschrieben werden alle Substantive. Jedes Substantiv besitzt einen Artikel und kann dekliniert werden (Kasus). Man erkennt Substantive auch daran, dass sie oft mit einem Attribut verwendet werden.

der Leser, die Bibliothek,
das Buch, die Seiten des Buches, mit dem Buch, über das Buch
ein preisgekröntes Buch

3 Substantivierungen

Als Substantive gebrauchte Verben (Infinitive und Partizipien), Adjektive und Wörter anderer Wortarten werden großgeschrieben. Häufig ist ihnen ein Begleiter (Artikel, Adjektiv, Pronomen, Präposition, unbestimmtes Zahlwort) vorangestellt.

ein Jammern, im Folgenden, etwas Gebratenes
allerlei Schönes, viel Neues, ein perfektes Englisch
das Für und Wider, kein Weh und Ach

4 Feste Wendungen

Feste Wendungen aus Präposition und nicht dekliniertem Adjektiv werden kleingeschrieben.

durch dick und dünn
über kurz oder lang

Ist das Adjektiv dekliniert, kann es auch großgeschrieben werden.

bis auf weiteres oder *bis auf Weiteres*
vor kurzem oder *vor Kurzem*

5 Eigennamen

Eigennamen werden großgeschrieben.
Dazu zählen Titel und Überschriften, Straßennamen, Namen von Personen, geografische Namen, Ehren- und Amtsbezeichnungen, besondere Kalendertage, Bezeichnungen für historische Ereignisse und Epochen.
Während bei Titeln immer das erste Wort großgeschrieben wird, schreibt man in den anderen genannten Fällen in der Regel auch zum Namen gehörende Adjektive und Zahlwörter groß.
„Die Irrfahrten des Odysseus"
Lange Straße, An der Trift, August der Starke, Die Goldenen Zwanzigerjahre

6 Ableitungen auf -er und -isch

Von geografischen Namen abgeleitete Wörter auf -er schreibt man immer groß. Die von geografischen Namen abgeleiteten Adjektive auf -isch werden nur dann großgeschrieben, wenn sie Teil eines Namens sind. Diese Regelung gilt auch für Adjektive, die von Personennamen abgeleitet sind.
die Berliner Bürger
mecklenburgische Spezialitäten, aber: die Mecklenburgische Seenplatte
schillersche Balladen

7 Tageszeiten

Die Bezeichnungen von Tageszeiten nach Adverbien wie *gestern, heute, morgen* werden als Substantive angesehen und großgeschrieben.
vorgestern Nacht, heute Morgen, morgen Mittag

8 Anrede

Das Anredepronomen **Sie** sowie die Formen **Ihr, Ihre, Ihrer, Ihnen** schreibt man immer groß. Die vertraulichen Anredepronomen **du** und **ihr** sowie alle dazugehörigen Formen **(dein, deine, euer, eure)** schreibt man dagegen klein, nur in Briefen dürfen diese Pronomen auch großgeschrieben werden.
Wie geht es Ihnen? Haben Sie sich gut erholt?
Lieber Paul,
wie geht es dir/Dir? Hast du/Du dich/Dich in den Ferien gut erholt?

TEST 1 Substantive und Substantivierungen

1 Groß oder klein? Entscheide, ob die in Klammern stehenden Wörter substantiviert sind oder nicht.

Beim ___ (SCHREIBEN) von Texten sollte man immer auf die Rechtschreibung ___ (ACHTEN). Das schnelle ___ (AUFSUCHEN) von Wörtern im Duden kann man trainieren. Durch häufiges ___ (NACHSCHLAGEN) wird man immer sicherer und kann sich viele Wörter ___ (EINPRÄGEN). Auch wiederholtes ___ (AUFSCHREIBEN) hilft dabei.

2 D1 Höre dir das Diktat von der beiliegenden CD an. Fülle die Lücken mit den fehlenden Wörtern. Überlege dabei, ob du groß oder klein schreiben musst.

Walkman

Der Walkman ist ein ___. Man kann es ___ und ___ benutzen, um ___ zu hören. ___, was ich tue, tue ich mit Walkman: ___, zur ___ gehen, ___ austragen und so weiter. ___ ist er auch im ___ des Zahnarztes. Das ___ daran ist, dass man ___ wirklich stört. Auch der ___ dient der Walkman. Nach ___ ist gut ruhen – mit Walkman.

3 D2 Zum weiteren Üben kommt hier noch ein Diktat. Höre dir den Text abschnittsweise an und schreibe ihn richtig in dein Heft. Unterstreiche dann alle Substantive und Substantivierungen mit ihren Begleitern.

TEST 2 Gebräuchliche Wendungen

1 Entscheide dich für die richtige Schreibung und streiche die falsch geschriebenen Wörter durch.

Seit langem ▪ Langem habe ich mir diese neue CD gewünscht, auf der mir alle Titel gut gefallen. Besonders mag ich die deutschen ▪ Deutschen und die englischen ▪ Englischen. Aber auch die italienischen ▪ Italienischen Lieder kann man sich anhören. Die englische ▪ Englische Sprache ist aus unserer Zeit nicht mehr wegzudenken. Aber auch italienisch ▪ Italienisch ist heute bei vielen ▪ Vielen sehr populär. Am schnellsten ▪ Schnellsten und leichtesten ▪ Leichtesten lernt man eine Sprache, wenn man jung ist. Trotzdem beginnen auch viele ▪ Viele Erwachsene eine Sprache zu lernen. Die einen ▪ Einen kaufen sich die neuesten Computerprogramme und die anderen ▪ Anderen besuchen einen Abendkurs. Dorthin kommen Leute von nah und fern ▪ Nah und Fern. Alle strengen sich im allgemeinen ▪ Allgemeinen auf das äußerste ▪ Äußerste an.

2 Bilde selbst Sätze, in denen folgende Wendungen vorkommen.

a) FÜR JUNG UND ALT

b) IM GERINGSTEN

c) GLEICH UND GLEICH

d) EINIGE WENIGE

e) WENIG GUTES

f) BEI WEITEM

g) VON NEUEM

TEST 3 Eigennamen und Ableitungen

1 Ordne alle im Text enthaltenen Eigennamen richtig zu.

a) geografische Namen
b) Personennamen
c) Titel
d) Namen für Bauwerke

Ein Traum von einem Schloss

Bekannt in aller Welt ist das märchenhafte Schloss Neuschwanstein mitten in den bayerischen Alpen. König Ludwig II. hat es ganz nach seinen Wünschen bauen lassen. Dabei hat er viele bekannte Märchen und Sagen verarbeitet, so zum Beispiel die Nibelungensage oder die Sage von Lohengrin. Besonders gute Einfälle für den Schlossbau hatte der König aber immer dann, wenn er Musik von Richard Wagner hörte. Diese inspirierte ihn zu neuen Ideen. Das ganze Schloss sollte ein Tempel der Sagen- und Traumwelt werden. Alle Räume ließ der König mit kostbarsten Materialien ausschmücken. Zum ersten Mal wohnen in seinem Traumschloss konnte Ludwig II. im Jahr 1884. Er hatte aber nicht mehr lange Freude daran, denn schon zwei Jahre später ist er im Starnberger See ertrunken.

2 Wie werden diese Wortgruppen geschrieben?

	groß	klein
SCHWEIZER Käse		
die SCHWEIZERISCHEN Eisenbahnen		
die EUROPÄISCHE Gemeinschaft		
EUROPÄISCHE Hauptstädte		
BADEN-WÜRTTEMBERGISCHE Einwohner		
das HESSISCHE Bergland		
STEINHUDER Meer		
SCHLESWIG-HOLSTEINISCHE Ostseeküste		
die LUTHERSCHE Bibelübersetzung		

TEST 4 Tageszeiten und Anrede

1 Finde die richtige Schreibung! Überlege auch, ob du die Wörter getrennt schreiben oder zusammenschreiben musst.

a) der morgen

b) frühmorgens

c) morgens

d) heutemorgen

e) dienstagmorgen

f) seit montagmorgen

g) sonntagmorgens

h) eines morgens

2 Bilde im Heft je zwei ähnliche Beispiele mit:

a) Abend/abends b) Nacht/nachts

3 Verbessere im Heft die Fehler in diesem Brief.

Sehr geehrte Frau Müller,
herzlichen Dank für ihre Einladung in ihre neue Wohnung zum Kaffee am Samstag Nachmittag. Sie haben Recht damit, dass dieser Termin günstiger ist als Sonntag nachmittags oder gar der Freitag Abend. Ich habe mich sehr gefreut, dass sie auch meine Kinder mit eingeladen haben. Ich werde sie natürlich gern mitbringen und bin überzeugt, dass Sie sich gut mit ihren Mädchen verstehen.
Bis Übermorgen verbleibe ich mit den besten Grüßen
Anna Krüger

4 Wie würde der Brief aus Aufgabe 3 aussehen, wenn beide Frauen alte Bekannte und gute Freundinnen wären? Berücksichtige dabei auch, dass der Brief insgesamt weniger förmlich wäre.

Lösungen zu Test 1

1 Zum besseren Verständnis findest du die Begleiter der Substantivierungen im Text unterstrichen. Beachte dabei auch Regel von → Seite 6, Nr. 3.

Beim Schreiben von Texten sollte man immer auf die Rechtschreibung achten. Das schnelle Aufsuchen von Wörtern im Duden kann man trainieren. Durch häufiges Nachschlagen wird man immer sicherer und kann sich viele Wörter einprägen. Auch wiederholtes Aufschreiben hilft dabei.

2 **Walkman**

Der Walkman ist ein praktisches Gerät. Man kann es immer und überall benutzen, um Musik zu hören. Alles, was ich tue, tue ich mit Walkman: einkaufen, zur Schule gehen, Zeitungen austragen und so weiter. Toll ist er auch im langweiligen Warteraum des Zahnarztes. Das Gute daran ist, dass man niemanden wirklich stört. Auch der Entspannung dient der Walkman. Nach getaner Arbeit ist gut ruhen – mit Walkman.

3 **Haushalt und Umweltschutz**

Jede Familie kann ihren Beitrag zum Umweltschutz leisten. Man kann damit anfangen, indem der Hausmüll sortiert wird. Altpapier sollte gesammelt und für die speziellen Abholer bereitgehalten werden. Zum Waschen und Putzen sind milde Mittel zu verwenden, die das Abwasser nicht belasten. Organische Abfälle kann man im Hausgarten kompostieren und erhält dabei einen guten Bodenverbesserer. Batterien darf man nicht achtlos wegwerfen, sondern soll sie bei den Sammelstellen abgeben.

Lösungen zu Test 2

1 Beachte besonders die Regeln von → Seite 6, Nr. 3 und 4. Manchmal sind beide Schreibweisen richtig.

Seit langem ▪ Langem habe ich mir diese neue CD gewünscht, auf der mir alle Titel gut gefallen. Besonders mag ich die deutschen ▪ ~~Deutschen~~ und die englischen ▪ ~~Englischen~~. Aber auch die italienischen ▪ ~~Italienischen~~ Lieder kann man sich anhören. Die englische ▪ ~~Englische~~ Sprache ist aus unserer Zeit nicht mehr wegzudenken. Aber auch ~~italienisch~~ ▪ Italienisch ist heute bei vielen ▪ ~~Vielen~~ sehr populär. Am schnellsten ▪ ~~Schnellsten~~ und leichtesten ▪ ~~Leichtesten~~ lernt man eine Sprache, wenn man jung ist. Trotzdem beginnen auch viele ▪ ~~Viele~~ Erwachsene eine Sprache zu lernen. Die einen ▪ Einen kaufen sich die neuesten Computerprogramme und die anderen ▪ Anderen besuchen einen Abendkurs. Dorthin kommen Leute von nah und fern ▪ ~~Nah und Fern~~. Alle strengen sich im ~~allgemeinen~~ ▪ Allgemeinen auf das äußerste ▪ Äußerste an.

2 Deine Sätze müssen die Wendungen in folgender Schreibung enthalten:

a) FÜR JUNG UND ALT – für Jung und Alt – z. B.: Dies war ein Fest für Jung und Alt.

b) IM GERINGSTEN – im Geringsten – z. B.: Du störst mich nicht im Geringsten.

c) GLEICH UND GLEICH – Gleich und Gleich – z. B.: Gleich und Gleich gesellt sich gern.

d) EINIGE WENIGE – einige wenige – z. B.: Es dauert nur noch einige wenige Minuten.

e) WENIG GUTES – wenig Gutes – z. B.: Die dicken Wolken lassen wenig Gutes erwarten.

f) BEI WEITEM – bei weitem / bei Weitem – z. B.: Das reicht bei weitem / Weitem nicht.

g) VON NEUEM – von neuem / von Neuem – z. B.: Nun fangen wir von neuem / Neuem an.

Lösungen zu Test 3

1 Hier siehst du die korrekte Zuordnung:

a) geografische Namen: (bayerische) Alpen, Starnberger See

b) Personennamen: Ludwig II., Richard Wagner

c) Titel: Nibelungensage, Sage von Lohengrin

d) Namen für Bauwerke: Schloss Neuschwanstein

Vorsicht, nicht alle sind Eigennamen!

2 Auf → Seite 7, Nr. 6 findest du Hinweise zur korrekten Schreibung!

	groß	klein
Schweizer Käse	✗	
die schweizerischen Eisenbahnen		✗
die Europäische Gemeinschaft	✗	
europäische Hauptstädte		✗
baden-württembergische Einwohner		✗
das Hessische Bergland	✗	
Steinhuder Meer	✗	
schleswig-holsteinische Ostseeküste		✗
die luthersche Bibelübersetzung		✗

Manche Wortgruppen werden oft als Namen angesehen, obwohl sie keine sind. Hier müssen die Adjektive kleingeschrieben werden:
z. B. das schwarze Schaf/die mittlere Reife/das neue Jahr
In einigen Fällen ist jedoch die Großschreibung üblich geworden:
z. B. die Erste Hilfe

Lösungen zu Test 4

1 Auf → Seite 7, Nr. 7 findest du die nötigen Hinweise.

a) der Morgen
b) frühmorgens
c) morgens
d) heute Morgen
e) Dienstagmorgen
f) seit Montagmorgen
g) sonntagmorgens
h) eines Morgens

2 Folgende Lösungen sind möglich:

a) Abend/abends
z. B. Freitagabend, spätabends

b) Nacht/nachts
z. B. eines Nachts, samstagnachts

Merke dir, dass morgens, abends, mittags und ähnliche Wörter Adverbien sind und deshalb kleingeschrieben werden. Gleiches gilt für Zusammensetzungen mit diesen Wörtern.

3 In dem Brief waren neun Fehler enthalten.

Sehr geehrte Frau Müller,
herzlichen Dank für Ihre Einladung in Ihre neue Wohnung zum Kaffee am Samstagnachmittag. Sie haben Recht damit, dass dieser Termin günstiger ist als sonntagnachmittags oder gar der Freitagabend. Ich habe mich sehr gefreut, dass Sie auch meine Kinder mit eingeladen haben. Ich werde sie natürlich gern mitbringen und bin überzeugt, dass sie sich gut mit Ihren Mädchen verstehen. Bis übermorgen verbleibe ich mit den besten Grüßen
Anna Krüger

4 Hier müssen vor allem die Anredepronomen *Ihre*, *Sie* und *Ihren* durch *deine*, *du* und *deinen* ersetzt werden. Will man besonders höflich sein, dürfen diese auch großgeschrieben werden (*Deine*, *Du* und *Deinen*). Dies ist jedoch in der vorgestellten Situation eher unüblich. Zudem würden die beiden Freundinnen sich wahrscheinlich viel knapper fassen.

2 Zusammen- und Getrenntschreibung

1 Zusammengesetzte Wörter schreibt man zusammen

Zusammengesetzte Wörter können aus folgenden Bestandteilen bestehen:

Substantiv + Substantiv: *Wörterbuch*

Substantiv + Adjektiv: *wunderschön*

Präposition + Verb: *aufgeben*

Adverb + Verb: *fortlaufen*

2 Wortgruppen aus Verb + Verb

Wortgruppen aus Verb + Verb schreibt man in der Regel getrennt.
stehen bleiben, schreiben lernen, tanzen gehen

Die Getrenntschreibung bleibt auch bei der Bildung des Partizips und dem Infinitiv mit „zu“ erhalten.
In der Schule habe ich mein Hausaufgabenheft liegen gelassen.

Achtung: Bei der Verbindung mit kennen und lernen ist beides erlaubt – die Getrennt- und die Zusammenschreibung.

3 Wortgruppen aus Adjektiv + Verb

- Wenn bei einer Wortgruppe aus Adjektiv und Verb das einfache Adjektiv das Ergebnis der Tätigkeit ist, die das Verb nennt, so kann getrennt **oder** zusammengeschrieben werden.
  klein schneiden oder *kleinschneiden*
- Ist das Adjektiv abgeleitet (*schmutzig* von *Schmutz*) oder erweitert (*ganz klein* oder *kleiner*) so wird stets getrennt geschrieben.
  kleiner schneiden; schmutzig machen
- Ist das Verb zusammengesetzt (*an*streichen) so wird auch getrennt geschrieben.
  Das Klassenzimmer grün anstreichen
- Ergibt die Verbindung aus Adjektiv und Verb eine neue Gesamtbedeutung, dann schreibt man zusammen.
  Sie kann gut schreiben.
  Die Bank wird meinem Konto diesen Betrag ***gutschreiben***.
  (neue Bedeutung: anrechnen)

2 Zusammen- und Getrenntschreibung

4 Wortgruppen mit „sein“

Wortgruppen mit „sein“ schreibt man stets getrennt.
da sein, hier sein, zusammen sein, krank sein, satt sein

5 Wortgruppen aus Substantiv + Verb

Wortgruppen aus Substantiv und Verb werden meist getrennt geschrieben. Wenn das Substantiv umgestellt werden kann, ist dies ein guter Hinweis auf die Getrenntschreibung.
*Nach der Schule werde ich **Rad fahren.** (**Fährst** du nach der Schule **Rad**?)*
Staub saugen, Auto fahren, Rat suchen
Wortgruppen aus Substantiv und Verb schreibt man zusammen, wenn das Sustantiv verblasst, das heißt nicht mehr als Substantiv erkennbar ist, bzw. wenn das Substantiv nicht umgestellt werden kann.
***heim**bringen, **irre**führen, **preis**geben, **teil**haben, **eis**laufen*
Wenn man diese Verben beugt, schreibt man in einigen Fällen auch getrennt.
Meiner besten Freundin gebe ich mein Geheimnis preis.
Aber: *Meiner besten Freundin habe ich mein Geheimnis preisgegeben.*

6 Wortgruppe „gar nicht“

Die Wortgruppe „gar nicht“ wird gar nicht zusammengeschrieben.
Die richtige Schreibung von Wörtern ist gar nicht so schwer.

7 Wortgruppen aus Partikel + Verb

Wortgruppen aus Partikel und Verb werden in der Regel zusammengeschrieben. Unterscheiden muss man aber den Infinitiv mit „zu“, der getrennt geschrieben wird.
***ab**ändern, **auf**lösen, **herbei**kommen, **zu**machen*
Aber: *Hör auf, Blödsinn zu machen.*
Wenn man diese Verben beugt, schreibt man in einigen Fällen auch getrennt.
Der Film soll super sein, komm doch mit.
Aber: *Der Film war super, wärst du doch mitgekommen.*

2 Zusammen- und Getrenntschreibung

TEST 1 Getrennt oder zusammen?

1 Getrennt oder zusammen?

Ferien auf dem (Reiter Hof) _____ werden immer beliebter. Vor allem Mädchen wollen das (hoch Gefühl) _____ der Freiheit auf dem Rücken der Pferde (kennen lernen) _____. Dabei hoffen sie, dass das Training ihnen nicht (schwer fallen) _____ wird und sie sich nicht (lang weilen) _____. Auch wenn die eine oder andere Reiterin in dieser Zeit einmal hoffentlich nur (leicht fallen) _____ sollte, so wird doch die Mehrheit im nächsten Jahr wieder (da sein). _____ Wenn man die Ferien auf einem (Pferde Hof) _____ verbringen will, dann sollte man keine (Angst haben) _____ vor Pferden. Eine Liste mit Höfen, auf denen (Reiter Ferien) _____ (statt finden) _____, erhält man in den jeweiligen (Tourismus Büros) _____.

2 Höre dir das Diktat von der beiliegenden CD an. Fülle dabei die Lücken im Text.

Das Glück des Anglers

Jürgen ist _____. Es ist schon länger her, dass er _____ die Prüfung bestanden hat. In _____ verfolgt er die Berichte von _____ Fängen. Als er im letzten Sommer ein-, zweimal im _____ des _____ durfte, fing er 13 Fische. Einen großen Hecht sah er leider nur _____. Seitdem ist es Jürgens größter Wunsch, einmal einen _____ am Haken zu haben. Das wäre ein _____.

TEST 2 Zusammensetzungen erkennen

1 Entscheide dich für die richtige Schreibung und streiche die falsch geschriebenen Wörter durch.

a) Ich bin froh, dass ich meine Kopfschmerzen endlich losbin ▪ los bin.
b) Wenn das Gewitter vorbeiist ▪ vorbei ist, werden wir die Radtour fortsetzen ▪ fort setzen.
c) Mit dem Ergebnis der letzten Klassenarbeit kann ich zufriedensein ▪ zufrieden sein.
d) Ich hole dich zehn Minuten vor Beginn der Veranstaltung ab, du musst dann aber fertigsein ▪ fertig sein.
e) Für das morgige Deutschdiktat muss ich garnicht ▪ gar nicht üben.
f) Schon als kleines Kind wollte Florian am liebsten den ganzen Tag lang autofahren ▪ Auto fahren.
g) Selbst bei einer niedrigen Waldbrandwarnstufe sollte man bei einem Anzeichen von Feuer im Wald sofort alarmschlagen ▪ Alarm schlagen.
h) Im Sommer könnte ich jeden Tag schwimmengehen ▪ schwimmen gehen.
i) Über diesen Fehler könnte ich mich totärgern ▪ tot ärgern.
j) Die Polizei hat die Aussage schriftlich festgehalten ▪ fest gehalten.
k) Nach dem Turniersieg hat eine große Siegesfeier stattgefunden ▪ statt gefunden.

2 Bilde selbst Sätze, in denen folgende Wendungen vorkommen.

a) voll bringen
b) vollbringen
c) frei sprechen
d) freisprechen
e) sitzen bleiben
f) sitzenbleiben

TEST 3 Zusammensetzungen bilden?

Bilde aus den Wörtern in der Tabelle passende Zusammensetzungen oder Wortgruppen und setze sie in die Lücken der Sätze von a) bis e) ein.

Substantiv	Verb	Adjektiv	Partikel
der Beweis	bringen	frei	bei
die Lage	sprechen (2x)	schwarz	vorbei
der Schlaf	wandeln	kurz	vor
das Auto	fahren (2x)	frei	
der Bus	kommen	laut	
das Geld	bereiten		
der Vortrag	lachen		

a) Obwohl viele Fakten (Partikel + Verb) ___ wurden, reichte die (Substantiv + Substantiv) ___ nicht aus, so dass der Richter den Angeklagten (Adjektiv + Verb) ___ musste.

b) Menschen, die (Substantiv + Verb) ___ , leben gefährlich, denn es ist nie sicher, was sie während ihres nächtlichen Umherirrens tun werden.

c) Seitdem Robert seinen Führerschein hat, will er nur noch (Substantiv + Verb) ___ .

d) Gestern hatte Laura ihr (Substantiv + Substantiv) ___ vergessen, deshalb musste sie (Adjektiv + Verb) ___ . Sie fürchtete sich die ganze Busfahrt davor, dass ein Kontrolleur (Partikel + Verb) ___ und sie nach ihrem Fahrschein fragt.

e) Für den Deutschunterricht soll ich einen (Adjektiv + Substantiv) ___ zum Thema Sagen (Partikel + Verb) ___ . Während des Vortrages muss ich (Adjektiv + Verb) ___ und in die Klasse sehen, hoffentlich grinsen mich meine Mitschüler nicht an, sonst muss ich (Adjektiv + Verb) ___ .

TEST 4 Fehlertext

1 Streiche die Fehler an und schreibe das Wort berichtigt in die Randspalte.

Wissenswertes über den Comic
Nachdem wir im Literatur Unterricht Ausschnitte aus der „Odyssee“ von Homer kennengelernt hatten, machten wir uns daran, daraus einen Comic zugestalten. Zuerst mussten wir uns über den Aufbau eines Comic informieren. Dabei wusste ich garnicht, dass es diese Form der Unterhaltung bereits seit dem 19. Jahrhundert gibt. Wenn man selbst einen Comic an fertigen will, sollte man einige Vorüberlegungen anstellen. Zuerst sollte man über legen, welche Figuren in dem Comic vorkommen sollen. Sie sollten einfach zuzeichnen und lustig sein. Dabei ist es naheliegend, auf bekannte Vorbilder zurück zu greifen. Die Geschichte, die gestaltet wird, sollte bereits in einzelne Bilder eingeteiltsein, das heißt, man überlegt sich, was jedes Bild aus sagen soll. Wenn mehrere Schüler am Comic arbeiten, kann man, um schneller fertigzusein, Text- bzw. Bildspezialisten bestimmen. Dabei muss man jedoch darauf achten, dass alles zusammen passt. Zum Schluss wird alles aufmerksam durch gelesen. Es ist darauf zuachten, dass Text und Bild eine Einheit bilden. Wenn jemand aus einer anderen Gruppe den Comic liest, ist das die beste Kontrolle.

2 Schreibe den Text berichtigt ins Heft ab und lass ihn dir anschließend diktieren.

Lösungen zu Test 1

1 Du musstest alle Regeln anwenden.

Ferien auf dem Reiterhof werden immer beliebter. Vor allem Mädchen wollen das Hochgefühl der Freiheit auf dem Rücken der Pferde kennen lernen (oder: kennenlernen). Dabei hoffen sie, dass das Training ihnen nicht schwerfallen wird und sie sich nicht langweilen. Auch wenn die eine oder andere Reiterin in dieser Zeit einmal hoffentlich nur leicht fallen sollte, so wird doch die Mehrheit im nächsten Jahr wieder da sein. Wenn man die Ferien auf einem Pferdehof verbringen will, dann sollte man keine Angst haben vor Pferden. Eine Liste mit Höfen, auf denen Reiterferien stattfinden, erhält man in den jeweiligen Tourismusbüros.

2 Dies ist der vollständige Text.

Das Glück des Anglers

Jürgen ist Sportangler. Es ist schon länger her, dass er mühelos die Prüfung bestanden hat. In Fachzeitschriften verfolgt er die Berichte von außergewöhnlichen Fängen. Als er im letzten Sommer ein-, zweimal im Forellenteich des Nachbardorfes mitangeln durfte, fing er 13 Fische. Einen großen Hecht sah er leider nur vorbeischwimmen. Seitdem ist es Jürgens größter Wunsch, einmal einen Zehnpfünder am Haken zu haben. Das wäre ein Superfang.

Beachte dabei auch die Regeln der Groß- und Kleinschreibung. → Kapitel 1, Seiten 6 und 7

2 Zusammen- und Getrenntschreibung

Lösungen zu Test 2

1 Folgende Wörter müssen gestrichen werden:

a) Ich bin froh, dass ich meine Kopfschmerzen endlich ~~losbin~~ ▪ los bin.

b) Wenn das Gewitter ~~vorbeiist~~ ▪ vorbei ist, werden wir die Radtour fortsetzen ▪ ~~fort setzen~~.

c) Mit dem Ergebnis der letzten Klassenarbeit kann ich ~~zufriedensein~~ ▪ zufrieden sein.

d) Ich hole dich zehn Minuten vor Beginn der Veranstaltung ab, du musst dann aber ~~fertigsein~~ ▪ fertig sein.

e) Für das morgige Deutschdiktat muss ich ~~garnicht~~ ▪ gar nicht üben.

f) Schon als kleines Kind wollte Florian am liebsten den ganzen Tag lang ~~autofahren~~ ▪ Auto fahren.

g) Selbst bei einer niedrigen Waldbrandwarnstufe sollte man bei einem Anzeichen von Feuer im Wald sofort ~~alarmschlagen~~ ▪ Alarm schlagen.

h) Im Sommer könnte ich jeden Tag ~~schwimmengehen~~ ▪ schwimmen gehen.

i) Über diesen Fehler könnte ich mich totärgern ▪ ~~tot ärgern~~.

j) Die Polizei hat die Aussage schriftlich festgehalten ▪ ~~fest gehalten~~.

k) Nach dem Turniersieg hat eine große Siegesfeier stattgefunden ▪ ~~statt gefunden~~.

2 Diese Sätze wären möglich. Beachte besonders → Seite 16, Nr. 3.

a) voll bringen – Du musst den Eimer voll bringen.

b) vollbringen – Odysseus hat viele Heldentaten vollbracht.

c) frei sprechen – Im Referat solltest du frei sprechen.

d) freisprechen – Der Richter muss den Angeklagten freisprechen.

e) sitzen bleiben – Wenn ältere Menschen im Bus keinen Platz haben, solltest du nicht sitzen bleiben.

f) sitzenbleiben – Mit den Noten wirst du sitzenbleiben.

Lösungen zu Test 3

Hier siehst du die korrekte Zuordnung und Schreibung.
Vergleiche dazu vor allem → Seite 16, Nr. 3 und Seite 17, Nr. 5, 7.

a) Obwohl viele Fakten (Partikel + Verb) beigebracht wurden, reichte die (Substantiv + Substantiv) Beweislage nicht aus, so dass der Richter den Angeklagten (Adjektiv + Verb) freisprechen musste.

b) Menschen, die (Substantiv + Verb) schlafwandeln, leben gefährlich, denn es ist nie sicher, was sie während ihres nächtlichen Umherirrens tun werden.

c) Seitdem Robert seinen Führerschein hat, will er nur noch (Substantiv + Verb) Auto fahren.

d) Gestern hatte Laura ihr (Substantiv + Substantiv) Busgeld vergessen, deshalb musste sie (Adjektiv + Verb) schwarzfahren. Sie fürchtete sich die ganze Busfahrt davor, dass ein Kontrolleur (Partikel + Verb) vorbeikommt und sie nach ihrem Fahrschein fragt.

e) Für den Deutschunterricht soll ich einen (Adjektiv + Substantiv) Kurzvortrag zum Thema Sagen (Partikel + Verb) vorbereiten. Während des Vortrages muss ich (Adjektiv + Verb) frei sprechen und in die Klasse sehen, hoffentlich grinsen mich meine Mitschüler nicht an, sonst muss ich (Adjektiv + Verb) laut lachen.

Beachte auch, dass viel Verben mit Präpositionen, Adverbien, Adjektiven oder Substantiven unfeste Zusammensetzungen bilden. Das heißt, dass sie nur im Infinitiv in den beiden Partizipen oder in Endstellung im Nebensatz zusammengeschrieben werden – *auffallen, auffallend, aufgefallen.* In allen anderen Fällen schreibt man getrennt. *Es fällt auf. Sie fallen nicht auf.*

Lösungen zu Test 4

1 Dies ist der berichtigte Text.

Wissenswertes über den Comic

Nachdem wir im Literaturunterricht (→ Seite 16, Nr. 1) Ausschnitte aus der „Odyssee“ von Homer **kennengelernt/kennen gelernt** hatten, machten wir uns daran, daraus einen Comic zu gestalten (→ Seite 17, Nr. 7). Zuerst mussten wir uns über den Aufbau eines Comic informieren. Dabei wusste ich gar nicht (→ Seite 17, Nr. 6), dass es diese Form der Unterhaltung bereits seit dem 19. Jahrhundert gibt. Wenn man selbst einen Comic anfertigen (→ Seite 17, Nr. 7) will, sollte man einige Vorüberlegungen anstellen. Zuerst sollte man überlegen (→ Seite 17, Nr. 7), welche Figuren in dem Comic vorkommen sollen. Sie sollten einfach zu zeichnen (→ Seite 17, Nr. 7) und lustig sein. Dabei ist es naheliegend/nahe liegend (→ Seite 16, Nr. 3), auf bekannte Vorbilder zurückzugreifen (→ Seite 17, Nr. 7). Die Geschichte, die gestaltet wird, sollte bereits in einzelne Bilder eingeteilt sein (→ Seite 17, Nr. 4), das heißt, man überlegt sich, was jedes Bild aussagen (→ Seite 17, Nr. 7) soll. Wenn mehrere Schüler am Comic arbeiten, kann man, um schneller fertig zu sein (→ Seite 17, Nr. 4), Text- bzw. Bildspezialisten bestimmen. Dabei muss man jedoch darauf achten, dass alles zusammenpasst (Zusammensetzung aus Adverb und Verb). Zum Schluss wird alles aufmerksam durchgelesen (→ Seite 17, Nr. 7).
Es ist darauf zu achten (→ Seite 17, Nr. 7), dass Text und Bild eine Einheit bilden. Wenn jemand aus einer anderen Gruppe den Comic liest, ist das die beste Kontrolle.

Die Zusammen- und Getrenntschreibung folgt zwar Regeln – doch lassen sich damit manche Zweifelsfälle nicht ausräumen. Da hilft dann ein Wörterbuch.

3 Schreibung von Wortstämmen

WISSEN

1 Dehnung

Ein langer Stammvokal wird häufig durch ein Dehnungs-h (**ah, eh, ih, oh, uh**) und manchmal durch einen Doppelvokal (**aa, ee, oo**) gekennzeichnet.
fahren, Ehre, ihr, ohne, Uhr – paar, Meer, Zoo
Ein langes i wird oft durch ein **ie** wiedergegeben, selten auch durch **ieh**.
Liebe, Vieh, Sieb, Dieb
In den meisten Fällen erfolgt keine Kennzeichnung der Länge des Vokals und es steht nur der **einfache Vokal**.
Name, leben, wir, Tor, nur

2 Schärfung

Nach einem kurzen Stammvokal folgen entweder zwei oder mehr unterschiedliche Konsonanten oder zwei gleiche Konsonanten (Doppelkonsonant).
winken, Licht – wenn, Sommer

3 Allgemeine Regeln zur Schreibung des S-Lauts

Bei stimmhaftem S-Laut am Wortanfang oder im Wortinnern wird immer s geschrieben. – *Sonne, Insel*
Ist der S-Laut stimmlos, wird er auch dann s geschrieben, wenn ein stammverwandtes Wort ein stimmhaftes S enthält. – *Laus – Lausejunge*
Der stimmlose S-Laut wird nach kurzem Vokal ss geschrieben und nach langem Vokal ß – *klassisch, süß*
Wir schreiben **das**, wenn es sich um einen Artikel, ein Demonstrativpronomen oder ein Relativpronomen handelt.
Man schreibt **dass**, wenn die Konjunktion verwendet werden muss.

4 Besonderheiten bei der Schreibung

Wörter auf -nis und bestimmte Fremdwörter werden nur mit einem s geschrieben, obwohl ihre Pluralform ein Doppel-s enthält.
Hindernis – Hindernisse
Bus – Busse
Atlas – Atlasse (oder auch Atlanten)

Manche Fremdwörter bilden unregelmäßige Pluralformen!

5 Integration der Fremdwörter

Die Schreibung und Aussprache eines Fremdwortes richten sich nach dem Herkunftsland. Allerdings haben sich häufig gebrauchte Fremdwörter der deutschen Schreibweise bereits angeglichen. Oft ist aber auch noch die ursprüngliche Schreibweise korrekt: *Delfin* oder *Delphin, Frisör* oder *Friseur*

6 Die Fremdwortbestandteile graph, phon, phot

Die Wortbestandteile **graph**, **phon** und **phot** können auch **graf**, **fon** und **fot** geschrieben werden.

*Geo**graf**ie oder Geo**graph**ie*
*Mikro**fon** oder Mikro**phon***
***Fot**ografin oder **Phot**ographin*

Man schreibt nur noch Telefon!

7 Fremdwörter mit rh und th

Nur in wenigen Fällen wird das aus dem Griechischen stammende **rh** zu **r** bzw. das **th** zu **t**.

*Kata**rr** oder Kata**rrh***
*My**rr**e oder My**rrh**e*
Aber:
***Rh**euma, **Rh**ythmus, **rh**etorisch,*
***Rh**ododendron*

*Pan**t**er oder Pan**th**er*
***T**unfisch oder **Th**unfisch*
Aber:
***th**erapieren, **th**eoretisch,*
***Th**ematik, Empa**th**ie*

8 Besonderheiten bei der Fremdwortschreibung

Der größte Teil der Fremdwörter ist noch nicht an die deutsche Schreibweise angeglichen und behält die ursprüngliche Schreibung.
Jalousie, online, Philosophie, synthetisch
Fremdworttypische Buchstaben und Buchstabenverbindungen sind **v** und **ph** statt **f**, **i** statt **ie**, **k** oder **kk** statt **ck**.
Fremdwörter enden häufig auf -ie, -ion, -ant, -al, -us, -as, -tät oder -um bzw. -ieren.
Violine, Fabrik, Maschine, akkurat,
Diplomatie, Kaktus, Quantum, markant, interessieren

3 Schreibung von Wortstämmen

TESTEN

TEST 1 Dehnung

1 Finde je drei bis fünf Wörter mit den angegebenen Buchstaben und Buchstabenverbindungen im Wortstamm und schreibe sie in dein Heft.

a ▪ e ▪ o ▪ ah ▪ eh ▪ oh ▪ aa ▪ ee ▪ oo ▪ u ▪ i ▪ uh ▪ ih ▪ ie ▪ ieh

a: z.B. Sage

2 Ergänze die fehlenden Vokale und achte auf die Kennzeichnung der Länge.

a) allm ___ lich überm ___ tig werden
b) n ___ mlich nicht d ___ mlich sein
c) ein Denkm ___ l enthüllen
d) einen W ___ derstand spüren
e) St ___ l haben
f) einen guten N ___ men haben
g) mit einem M ___ le kl ___ r werden
h) W ___ derspruch einlegen
i) eine W ___ derh ___ lung sehen
j) der St ___ l einer Blume

3 D4 Höre dir das Diktat von der beiliegenden CD an. Fülle die Lücken mit den fehlenden Wörtern. Überlege genau, ob du einen langen oder kurzen Vokal hörst.

Früchte und ___ im Winter. Im Januar und Februar ist das ___ an Zitrusfrüchten reichlich und ___. Am ___ sind die kleineren, in ___ verkauften Früchte. ___ Einzelfrüchte sind meist teurer. Auch Äpfel werden ausreichend ___. Dank der ausländischen ___ bleiben die Preise ___. Das ___ der Geschäfte und Wochenmärkte ist recht ___ und ___. Preisgünstig sind vor allem ___, ___, ___, ___ und ___. Nur ___ wird teurer, weil er jetzt ___ werden muss. Das gilt ___ für ___ und ___. Wie man ___, braucht die Küche auf ___ nicht zu verzichten.

TEST 2 Schärfung

1 Setze die fehlenden Buchstaben in die Wörter ein.
Entscheide dich für einen einfachen oder doppelten Konsonanten.

n · nn: wi ken, Erke tnis, er ka te, li ks, Ko to

l · ll: Ro er, Fa ter, wir ha ten an, es ha t, Verge tung

p · pp: Kla erschlange, Ze ter, es kla t, za eln, hü fen

m · mm: pro pt, sie su t, Vorko nis, bru en, Ha pelmann

2 Bilde aus den vorgegebenen Wortbestandteilen Wörter mit kurzem Stammvokal. Beachte auch die korrekte Groß- und Kleinschreibung.

hof · ger · fent · wis · lich · end · ung · sens · ent · toll · deck · en · hun
wis · schuld · kennt · heit · grig · ent · ig · sen · nis · hun · ung · schaft

3 Schreibe die Pluralformen der einzelnen Wörter in dein Heft.

a) Zeugnis
b) Geheimnis
c) Versäumnis
d) Globus
e) Kenntnis
f) Vorkommnis
g) Fokus
h) Rhythmus
i) Wagnis
j) Missverständnis
k) Kaktus
l) Erzeugnis

4 D5 Höre dir das Diktat von der beiliegenden CD an und schreibe es korrekt ins Heft. Achte auch diesmal besonders darauf, ob die Vokale kurz oder lang gesprochen werden.
Unterstreiche dann alle Wörter, die einen Doppelkonsonanten enthalten.

TEST 3 s – ss – ß

1 Bilde im Heft die Leitformen der Verben. Achte auf die Schreibung des S-Lauts.

z. B.: verweisen – verwies – verwiesen

a) wissen   b) lesen   c) lassen   d) blasen
e) reisen   f) reißen   g) verblassen

2 Vervollständige die Lücken in den Wörtern.

Die Farbe war verbla___t. Bla___t die Posaunen. Wei___t du noch? Sie erhielt einen Verwei___. Es lie___ sich nicht verhindern. Lie___ mal wieder. Wir rei___en das Kalenderblatt ab. Ihr rei___t um die Welt.

3 Ergänze die Reimwörter.

mü___en kü___en	Ma___en Kla___en	bü___en grü___en	Genu___ Flu___	Bu___e Mu___e
Fü___e Sü___e	me___en verge___en	Moo___ Lo___	Fa___ na___	blo___ Klo___

4 Setze in den Text die fehlenden Buchstaben ein. Entscheide dich für s, ss oder ß.

Schlo___ Drachenburg

Da___ Versteck eines Drachens ___oll der Berg gewe___en ___ein, auf dem heute Schlo___ Drachenburg bei Königswinter steht. Viele ___agen berichten von den Schandtaten des Untiers und seinem Ende. Die bekannteste ist die vom jungen ___iegfried, der den Drachen mit seinem Schwert tötete. Anschlie___end ___oll er in dem Blut des Drachens gebadet haben und dadurch am ganzen Körper unverwundbar geworden ___ein. Eine andere Legende erzählt, da___ der Drache seinen feurigen Atem gerne gegen vorbeifahrende Schiffe lenkte, bi___ dann eines Tages ein Schie___pulvertran___port vorbeischipperte und der Drache sich selbst in die Luft sprengte.

TEST 4 Fremdwörter (1)

1 Bilde im Heft Fremdwörter aus den gegebenen Wortteilen.
Achte auch auf die korrekte Groß- und Kleinschreibung.
prä ▪ plex ▪ fix ▪ port ▪ art ▪ pro ▪ anti ▪ these ▪ gener ▪ kom ▪ kon ▪ ist ▪
re ▪ port ▪ ego ▪ stru ▪ ist ▪ trans ▪ ieren ▪ pathie ▪ ieren ▪ ex ▪ ieren

2 Verbinde die deutschen Erklärungen mit den Fremdwörtern und ergänze die fehlenden Buchstaben.

aszin rend ♦	♦ Gaststätte
Cit ♦	♦ Wahlspruch
Rest ran ♦	♦ Innenstadt
de e t ♦	♦ genau
Perspe ti e ♦	♦ Gegenwartsbezogenheit
De ise ♦	♦ bezaubernd
Biogra ie ♦	♦ herausfordern
a urat ♦	♦ kaputt
A tualit t ♦	♦ Blickrichtung
pro oz ren ♦	♦ Lebensbeschreibung

3 Streiche die falsch geschriebenen Wörter durch.

Kathastrophe – Katastrofe – Katastrophe
Toleranz – Tolleranz – Tolerantz
aprupt – abruppt – abrupt
Karakter – Charackter – Charakter
agressiv – aggresiv – aggressiv
Philosofie – Philosophie – Phillosophie
Grammatick – Gramatik – Grammatik
Orthographie – Orthografie – Ortografie
symbohlisieren – symbolisieren – simbolisieren

TEST 5 Fremdwörter (2)

1 Setze den richtigen Anfangsbuchstaben ein.

f • v • ph • pf: ___eife, ___uhre, ___ysik, ___erkehr, ___ilatelie

v • w: ___isa, Ni___eau, ___illa, ___eranda, ___aggon

ch • sch: ___arme, ___eibe, ___ips, ___auvinismus, ___ance,

ch • k • c: ___or, ___arakter, ___ontrolle, ___reme, Or___ester

x • ks • chs • cks: Kle___, E___pedition, Wa___, Ke___, E___amen

Welche dieser Wörter sind keine Fremdwörter? Unterstreiche sie.

2 In den folgenden Sätzen sind 12 Fehler versteckt. Unterstreiche die fehlerhaften Wörter und schreibe die Sätze richtig ins Heft.

a) Letzten Sommer waren wir zum Kamping an der Ostse.
b) Manche mögen Makaroni mit Schampignons.
c) Nicht zu verachten sind auch Spagetti mit Kätchup.
d) Obst und Gemüse enthalten viele Vitamiene.
e) Im Kafe kann man Kaffe trinken.
f) Herforragend schmecken auch selbstgebakene Biskwits.

3 Gibt es eine zweite Schreibweise? Kreuze an und ergänze um die Schreibvariante.

Tomografie	☐ ja	☐ nein	
Worcestersoße	☐ ja	☐ nein	
Sympathie	☐ ja	☐ nein	
Jacht	☐ ja	☐ nein	
Saxofon	☐ ja	☐ nein	
Thermometer	☐ ja	☐ nein	
Katastrophe	☐ ja	☐ nein	
rotieren	☐ ja	☐ nein	
potenziell	☐ ja	☐ nein	
Portemonnaie	☐ ja	☐ nein	

3 Schreibung von Wortstämmen

Lösungen zu Test 1

1
a: Sage, rasen, fraglich, aber, kam
ah: fahren, wahr, Nahrung, ahnen, Kahn
aa: paar, Haar, Aal, Waage, Saal
e: Meter, leben, Leser, fegen, selig
eh: nehmen, Lehrer, mehr, verehren, fehlen
ee: Meer, leer, Fee, See, Seele
o: Ton, toben, oben, Melone, Tor
oh: froh, Sohn, Hohn, ohne, belohnen
oo: Moos, Zoo, Moor, doof, Boot
u: nur, Zug, rufen, versuchen, Buch
uh: Uhr, Fuhrmann, Ruhm, Buhne, Huhn
i: Augenlid, widersprechen, Igel, Mine, wir
ih: ihr, ihnen, ihre, ihn, ihm
ie: Lied, wieder, vielleicht, Ziel, nie
ieh: Vieh, sieht, flieht, geschieht, zieht

Dies sind übrigens die einzigen Wörter mit ih! Sonst sind natürlich viele andere Worte möglich.

2
a) allmählich übermütig werden
b) nämlich nicht dämlich sein
c) ein Denkmal enthüllen
d) einen Widerstand spüren
e) Stil haben
f) einen guten Namen haben
g) mit einem Male klar werden
h) Widerspruch einlegen
i) eine Wiederholung sehen
j) der Stiel einer Blume

3 Früchte und Gemüse im Winter. Im Januar und Februar ist das Angebot an Zitrusfrüchten reichlich und vielfältig. Am günstigsten sind die kleineren, in Netzen verkauften Früchte. Größere Einzelfrüchte sind meist teurer. Auch Äpfel werden ausreichend angeboten. Dank der ausländischen Marktzufuhren bleiben die Preise stabil. Das Gemüseangebot der Geschäfte und Wochenmärkte ist recht vielseitig und üppig. Preisgünstig sind vor allem Grünkohl, Rotkohl, Möhren, Sellerie und Porree. Nur Blumenkohl wird teurer, weil er jetzt importiert werden muss. Das gilt ähnlich für Tomaten und Salatgurken. Wie man sieht, braucht die Küche auf Gewohntes nicht zu verzichten.

Beachte die Großschreibung bei dem Wort „Gewohntes“. Lies dazu gegebenenfalls die Regel auf → Seite 6, Nr. 3!

Lösungen zu Test 2

1

n • nn: winken, Erkenntnis, er kannte, links, Konto
l • ll: Roller, Falter, wir halten an, es hallt, Vergeltung
p • pp: Klapperschlange, Zepter, es klappt, zappeln, hüpfen
m • mm: prompt, sie summt, Vorkommnis, brummen, Hampelmann

2 hoffentlich, Endung, Entdeckung, Wissenshunger, Wissenschaft, Tollheit, Kenntnis, hungrig, entschuldigen

3

a) Zeugnis	Zeugnisse
b) Geheimnis	Geheimnisse
c) Versäumnis	Versäumnisse
d) Globus	Globen/Globusse
e) Kenntnis	Kenntnisse
f) Vorkommnis	Vorkommnisse
g) Fokus	Fokusse
h) Rhythmus	Rhythmen (!!)
i) Wagnis	Wagnisse
j) Missverständnis	Missverständnisse
k) Erzeugnis	Erzeugnisse
l) Kaktus	Kakteen (umgangssprachlich auch Kaktusse)

Hier musstest du gut aufpassen. Bei den Wörtern auf -nis musste der Konsonant verdoppelt werden. Bei den Wörtern auf -us gibt es zum Teil zwei Möglichkeiten der Pluralbildung.

4 **Die Maikäfer kommen**

Die Maikäfer kommen. Nach Auskunft des rheinland-pfälzischen Landwirtschaftsministeriums werden die viel besungenen Krabbeltiere bereits in den nächsten Wochen im Südwesten Deutschlands einfallen. In den klimatisch milderen Zonen erwartet das Ministerium sogar eine Massenvermehrung der Insekten und befürchtet, dass mancher „orkangebeutelte“ Waldbesitzer mit erheblichen Fraßschäden rechnen muss. Größere Bekämpfungsaktionen des Maikäfers seien in Rheinland-Pfalz nicht oder nur in Ausnahmefällen geplant.

3 Schreibung von Wortstämmen

Lösungen zu Test 3

1 Die Leitformen eines Verbs sind der Infinitiv, die Form der 1. oder 3. Person Singular Präteritum und das Partizip II.

a) wissen – wusste – gewusst
b) lesen – las – gelesen
c) lassen – ließ – gelassen
d) blasen – blies – geblasen
e) reisen – reiste – gereist
f) reißen – riss – gerissen
g) verblassen – verblasste – verblasst

2 Beachte bei der Entscheidung besonders die Regel auf → Seite 26, Nr. 3.
Die Farbe war verblasst. Blast die Posaunen. Weißt du noch?
Sie erhielt einen Verweis. Es ließ sich nicht verhindern. Lies mal wieder.
Wir reißen das Kalenderblatt ab. Ihr reist um die Welt.

3 Die ergänzten Reimwörter lauten:

müssen küssen	Massen Klassen	büßen grüßen	Genuss Fluss	Buße Muße
Füße Süße	messen vergessen	Moos Los	Fass nass	bloß Kloß

4 **Schloss Drachenburg**
Das Versteck eines Drachens soll der Berg gewesen sein, auf dem heute Schloss Drachenburg bei Königswinter steht. Viele Sagen berichten von den Schandtaten des Untiers und seinem Ende. Die bekannteste ist die vom jungen Siegfried, der den Drachen mit seinem Schwert tötete. Anschließend soll er in dem Blut des Drachens gebadet haben und dadurch am ganzen Körper unverwundbar geworden sein. Eine andere Legende erzählt, dass der Drache seinen feurigen Atem gerne gegen vorbeifahrende Schiffe lenkte, bis dann eines Tages ein Schießpulvertransport vorbeischipperte und der Drache sich selbst in die Luft sprengte.

Lösungen zu Test 4

1 Folgende Fremdwörter können aus den gegebenen Wortteilen gebildet werden:
Präfix, Prothese, Egoist, transportieren, Artist, komplex, Antipathie, regenerieren, Export, konstruieren

2

faszinierend	bezaubernd
City	Innenstadt
Restaurant	Gaststätte
defekt	kaputt
Perspektive	Blickrichtung
Devise	Wahlspruch
Biographie	Lebensbeschreibung
akkurat	genau
Aktualität	Gegenwartsbezogenheit
provozieren	herausfordern

3 Diese Wörter mussten gestrichen werden:
~~Kathastrophe~~ – ~~Katastrofe~~ – Katastrophe
Toleranz – ~~Tolleranz~~ – ~~Tolerantz~~
~~aprupt~~ – ~~abruppt~~ – abrupt
~~Karakter~~ – ~~Charackter~~ – Charakter
~~agressiv~~ – ~~aggresiv~~ – aggressiv
~~Philosofie~~ – Philosophie – ~~Phillosophie~~
~~Grammatick~~ – ~~Gramatik~~ – Grammatik
Orthographie – Orthografie – ~~Ortografie~~
~~symbohlisieren~~ – symbolisieren – ~~simbolisieren~~

Bei Orthographie sind zwei Schreibweisen möglich.
→ Seite 27, Nr. 6!

Lösungen zu Test 5

1 f • v • ph • pf: Pfeife, Fuhre, Physik, Verkehr, Philatelie
v • w: Visa, Niveau, Villa, Veranda, Waggon
ch • sch: Charme, Scheibe, Chips, Chauvinismus, Chance,
ch • k • c: Chor, Charakter, Kontrolle, Creme, Orchester
x • ks • chs • cks: Klecks, Expedition, Wachs, Keks, Examen
Die unterstrichenen Wörter sind keine Fremdwörter.
Sieh dir noch einmal genauer an, mit welchen Buchstaben die entsprechenden Laute wiedergegeben werden.

Man kann auch *Wagon* schreiben.

2 Auch hier sind nicht alle Fehlerwörter Fremdwörter.
a) Letzten Sommer waren wir zum Camping an der Ostsee.
b) Manche mögen Makkaroni mit Champignons.
c) Nicht zu verachten sind auch Spagetti mit Ketchup.
(Auch Spaghetti und Ketschup sind richtig.)
d) Obst und Gemüse enthalten viele Vitamine.
e) Im Café kann man Kaffee trinken.
f) Hervorragend schmecken auch selbstgebackene Biskuits.

3 Die im Test gegebene Schreibung ist die vom Duden empfohlene.
Daneben kann aber auch noch die zweite Variante geschrieben werden.

Tomografie	☒ ja	☐ nein	Tomographie
Worcestersoße	☒ ja	☐ nein	Worcestersauce
Sympathie	☐ ja	☒ nein	
Jacht	☒ ja	☐ nein	Yacht
Saxofon	☒ ja	☐ nein	Saxophon
Thermometer	☐ ja	☒ nein	
Katastrophe	☐ ja	☒ nein	
rotieren	☐ ja	☒ nein	
potenziell	☒ ja	☐ nein	potentiell
Portemonnaie	☒ ja	☐ nein	Portmonee

4 Verben

1 Arten

Wir unterscheiden Hilfsverben, Vollverben und Modalverben.
Die **Hilfsverben** *sein, haben* und *werden* werden benötigt, um verschiedene Tempusformen bilden zu können.
Die **Modalverben** *dürfen, können, mögen, müssen, sollen* und *wollen* bezeichnen ein anderes Verb näher.
Hilfsverben und Modalverben werden in der Regel zusammen mit einem Vollverb gebraucht.
Vollverben drücken Vorgänge und Tätigkeiten (*singen*) oder Zustände (*bleiben*) aus.

2 Formen

Verben können gebeugt (finite Verbformen) oder ungebeugt (infinite Verbformen) auftreten.
Finite Verbformen, auch Personalformen genannt, stimmen mit dem Subjekt des Satzes in Person (*1., 2. und 3. Person*) und Numerus (*Singular und Plural*) überein. Ändert sich das Subjekt, so ändert sich auch die Form des Verbs, es wird gebeugt (konjugiert). – *er sang, wir sangen*
Die infiniten Verbformen sind der **Infinitiv** (die Grundform oder Nennform), das **Partizip I** und das **Partizip II**. – *singen, singend, gesungen*
Der Infinitiv, die Präteritumsform und das Partizip II bilden die Leitformen. Von ihnen lassen sich alle anderen Konjugationsformen ableiten.
singen, sang, gesungen

3 Wortbildung

Nach der Art der Wortbildung lassen sich einfache Verben, abgeleitete Verben und zusammengesetzte Verben unterscheiden.

einfaches Verb	*lesen – las – gelesen*
abgeleitetes Verb	*bewundern – bewunderte – bewundert*
zusammengesetztes Verb	*herkommen – kam her – hergekommen*

Da das abgeleitete Verb bereits ein Präfix besitzt, wird beim Partizip II auf „ge"- verzichtet. Bei der Beugung von zusammengesetzten Verben können das Grund- und Bestimmungswort auseinandertreten.

4 Konjugation

Nach der Art der Konjug ation unterscheiden wir starke, schwache und unregelmäßige Verben.

starkes Verb *rufen – rief – gerufen*
schwaches Verb *sagen – sagte – gesagt*
unregelmäßiges Verb *haben – hatte – gehabt*

5 Tempus

Es gibt sechs verschiedene Tempora (Zeitformen), mit denen man Gegenwärtiges, Zukünftiges und Vergangenes ausdrücken kann.

Tempus	Beispiel	Bildung
Präsens	*du singst*	Wortstamm des Infinitivs + Personalendung
Präteritum	*du sangst*	Präteritumsform (2. Leitform) + Personalendung
Perfekt	*du hast gesungen*	finite Verbform im Präsens von haben (oder sein) + Partizip II des Vollverbs
Plusquam-perfekt	*du hattest gesungen*	finite Verbform im Präteritum von haben (oder sein) + Partizip II des Vollverbs
Futur I	*du wirst singen*	finite Verbform im Präsens von werden + Infinitiv des Vollverbs
Futur II	*du wirst gesungen haben*	finite Verbform im Präsens von werden + Partizip II des Vollverbs + haben (oder sein)

6 Aktiv + Passiv

Alle Tempusformen können in der Regel im Aktiv und im Passiv gebildet werden. Das Aktiv zeigt an, dass die Handlung vom Subjekt ausgeht.
Das Passiv drückt aus, dass mit dem Subjekt etwas geschieht.

Aktiv: *Der Bauer füttert die Tiere.*
Passiv: *Die Tiere werden (vom Bauern) gefüttert.*

Beim Passiv ist es häufig nicht wichtig zu sagen, wer etwas gemacht hat, sondern was geschehen ist. Deshalb wird der Handlungsträger oft einfach weggelassen *(vom Bauern)*.

7 Modus

Verben können verschiedene Aussageweisen (Modi) bilden – den Indikativ (Wirklichkeitsform), den Konjunktiv (Möglichkeitsform) und den Imperativ (Befehlsform).

Indikativ	*sie redet* *wir wurden überredet*	3. Person Singular Präsens Aktiv 1. Person Plural Präteritum Passiv
Imperativ	*Gib! Nehmt!*	wird nur im Präsens im Singular oder Plural gebildet
Konjunktiv I	*Mein Bruder sagte, er sei müde.*	drückt den Wunsch oder die Möglichkeit aus und wird auch zur Wiedergabe der indirekten Rede benötigt
Konjunktiv II	*Er wäre gern ein Bär und hielte Winterschlaf.*	drückt aus, dass etwas nur vorgestellt, aber nicht wirklich ist

Grundsätzlich wird für die indirekte Rede der Konjunktiv I verwendet. Wenn er sich in der Form nicht vom Indikativ unterscheidet, wird der Konjunktiv II verwendet. Sollte auch dieser sich nicht vom Indikativ unterscheiden oder veraltet klingen, verwendet man die Umschreibung mit „würde".
Beispiel: *Er wäre gern ein Bär und würde am liebsten Winterschlaf halten.*
Der Konjunktiv II wird in der indirekten Rede auch dann verwendet, wenn man sich als Schreiber oder Sprecher von dem distanzieren will, was man in der indirekten Rede widergibt. Der Satz: *Er sagt, er wäre nicht da gewesen.* drückt also womöglich Zweifel am Wahrheitsgehalt der ursprünglichen Aussage („Ich war nicht da") aus.

TEST 1 Verbformen

1 Unterstreiche alle Verbformen im Text.

Die Weiber zu Weinsberg

Als König Konrad III. im Jahr 1140 den Herzog Welf geschlagen hatte und Weinsberg belagerte, machten die Weiber der Belagerten für die Übergabe der Stadt folgende Bedingung aus: Eine jede sollte auf ihren Schultern mitnehmen dürfen, was sie tragen konnte. Der König gönnte das den Weibern.
Da ließen sie all ihr Hab und Gut stehen, und eine jegliche nahm ihren Mann auf die Schulter und trug den aus der Stadt. Da des Königs Leute das sahen, sprachen ihrer viele, das wäre die Meinung nicht gewesen, und wollten das nicht gestatten. Der König aber lächelte über den listigen Anschlag der Frauen. „Ein königlich Wort", rief er, „das einmal gesprochen und zugesagt ist, soll unverändert bleiben." (nach den Brüdern Grimm)

2 Bilde die fehlenden Leitformen.

Infinitiv	Präteritum	Partizip II
	belagerte	
mitnehmen		
		gewesen
tragen	trug	
		geschlagen
	konnte	

3 Füge in deinem Heft die Sprichwörter und Zitate korrekt zusammen. Beachte dabei die Verbformen.

Ein Raum ohne Bücher • Ein Buch • In Büchern • Bibliotheken • Jahre

sind Schatzkammern des menschlichen Geistes. • liegt die Seele aller gewesenen Zeit. • lehren mehr als Bücher. • ist ein Körper ohne Seele. • ist ein Garten, den man in der Tasche trägt.

TEST 2 Tempus

1 Unterstreiche die Verbformen in den gegebenen Sätzen und bestimme sie nach Person, Numerus und Tempus.

a) Wir werden uns beeilen müssen.

b) Max verpasst seinen Zug.

c) Er wartete zu lange auf seinen Freund.

d) Die beiden hatten sich schon lange auf den gemeinsamen Ausflug gefreut.

e) Sie haben immer viel Spaß gehabt.

2 Forme nun die Sätze aus Aufgabe 1 wie angegeben in deinem Heft um.

a) Präteritum b) Perfekt c) Plusquamperfekt d) Präsens e) Futur I

3 Unterstreiche die Teilsätze, in denen das Geschehen **vorzeitig**, also vor dem anderen, abläuft.

Unsere Freunde holten uns von zu Hause ab, wie wir es vereinbart hatten.
Nachdem der Regen nachgelassen hat, können wir draußen weiter feiern.
Während die einen den Grill aufstellen, sorgen die anderen für die Musik.

4 Berichtige die Verbformen im falschen Tempus und schreibe sie in dein Heft.

a) Als ich die Tür aufmache, stelle ich fest, dass es plötzlich schneite.

b) Wenn ich das Buch auslese, bekommst du es sofort zurück.

c) Wir haben einen Knall gehört, darum guckten wir aus dem Fenster.

5 Überlege, ob in den Sätzen aus Aufgabe 4 Gleichzeitigkeit oder Vorzeitigkeit ausgedrückt wird!

TEST 3 Genus

1 Setze in die Inhaltsangabe alle fehlenden Verbformen im Aktiv ein.

erwidern ▪ betrügen ▪ kommen ▪ sich ereignen ▪ verlieren ▪ aussetzen ▪ zurückgeben ▪ behaupten ▪ durchschauen ▪ bestrafen ▪ fällen ▪ beauftragen ▪ nehmen

In der Geschichte „Der kluge Richter“ von Johann Peter Hebel geht es darum, dass ein Richter einen Mann , der aus Habgier . Folgendes : Ein reicher Mann ein Tuch mit einer großen, darin eingenähten Geldsumme . Deshalb er einen Finderlohn von 100 Talern und ein ehrlicher Finder und ihm das Geld . Der Besitzer des Geldes jedoch, es befänden sich nur 700 statt der verlorenen 800 Taler im Tuch, sodass der Finder seine Belohnung bereits herausgenommen habe. Dieser , dass er nichts am Tuch verändert habe. Der hinzugerufene Richter die Absicht des Reichen und eine kluge Entscheidung. Er die Aussagen der beiden Streitenden für wahr und den Finder, das Tuch aufzubewahren, bis derjenige gefunden sei, der statt der 800 Taler nur die vorhandenen 700 verloren habe.

2 Vervollständige die Sätze und forme sie dabei ins Passiv um.

Ein reicher Mann, der aus Habgier betrogen hat, . (bestrafen)

Das Tuch mit dem Geld und . (finden ▪ zurückbringen)

Eine Einigung . (nicht erreichen können). So eine Entscheidung durch den klugen Richter . (fällen).

TEST 4 Modus

1 Unterstreiche die Verbformen und bestimme ihren Modus.

	Indikativ	Imperativ	Konjunktiv
Bernd hilft seinem Bruder.	☐	☐	☐
Komm zu mir!	☐	☐	☐
Wir wurden über die Zugverspätung informiert.	☐	☐	☐
Wir wären gern früher gekommen.	☐	☐	☐
Paula dachte, sie würde diesen peinlichen Moment nicht überleben.	☐	☐	☐

2 Setze die richtigen Verbformen ein.

a) Das Segelschiff könnte längst im Hafen liegen, wenn der Sturm es nicht auf hoher See ______ . (halten)

b) Der Mannschaft gelänge ganz sicher wieder einmal ein Sieg, wenn sie einen guten Stürmer ______ . (haben)

c) Wie ______ (sein) das schön, wenn die Ferien ewig dauern würden.

d) Wenn wir den frühen Zug ______ (nehmen), wären wir pünktlich am Flughafen angekommen.

e) Ich ______ (kommen) zu dir, wenn du mich rufst.

f) Sie ______ (kommen) zu uns, wenn ich sie riefe.

g) Sie ______ (bleiben) bestimmt noch länger hier, wenn ihr nicht ständig mit ihr strittet.

3 Wandle folgende Aussagen in die indirekte Rede um und schreibe sie in dein Heft. Verwende den Konjunktiv!

Anna: „Wir sind gestern gut in der Jugendherberge angekommen. Leider hat es in Strömen geregnet. Aber das Wetter soll besser werden. Dann werden wir viel Spaß haben."

Lösungen zu Test 1

1 **Die Weiber zu Weinsberg**

Als König Konrad III. im Jahr 1140 den Herzog Welf geschlagen hatte und Weinsberg belagerte, machten die Weiber der Belagerten für die Übergabe der Stadt folgende Bedingung aus: Eine jede sollte auf ihren Schultern mitnehmen dürfen, was sie tragen konnte. Der König gönnte das den Weibern.
Da ließen sie all ihr Hab und Gut stehen, und eine jegliche nahm ihren Mann auf die Schulter und trug den aus der Stadt. Da des Königs Leute das sahen, sprachen ihrer viele, das wäre die Meinung nicht gewesen, und wollten das nicht gestatten. Der König aber lächelte über den listigen Anschlag der Frauen. „Ein königlich Wort", rief er, „das einmal gesprochen und zugesagt ist, soll unverändert bleiben." (nach den Brüdern Grimm)

2 Die fehlenden Leitformen lauten:

Infinitiv	Präteritum	Partizip II
belagern	belagerte	belagert
mitnehmen	nahm mit	mitgenommen
sein	war	gewesen
tragen	trug	getragen
schlagen	schlug	geschlagen
können	konnte	gekonnt

3 Beim Zusammenfügen muss beachtet werden, dass die Verbformen in Person und Numerus mit dem Subjekt übereinstimmen.

Ein Raum ohne Bücher ist ein Körper ohne Seele. *Cicero*
Bibliotheken sind Schatzkammern des menschlichen Geistes. *G. W. Leibniz*
Jahre lehren mehr als Bücher. *Deutsches Sprichwort*
Ein Buch ist ein Garten, den man in der Tasche trägt. *Arabisches Sprichwort*
In Büchern liegt die Seele aller gewesenen Zeit. *Th. Carlyle*

Lösungen zu Test 2

Hier durfte man das Modalverb nicht vergessen!

1 a) Wir werden uns beeilen müssen.
1. Person Plural Futur I

b) Max verpasst seinen Zug.
3. Person Singular Präsens

c) Er wartete zu lange auf seinen Freund. 3. Person Singular Präteritum

d) Die beiden hatten sich schon lange auf den gemeinsamen Ausflug gefreut.
3. Person Plural Plusquamperfekt

e) Sie haben immer viel Spaß gehabt. 3. Person Plural Perfekt

2 Wird ein Modalverb verwendet, so wird dieses in die entsprechende Tempusform gesetzt. Das Vollverb bleibt im Infinitiv stehen. → Seite 38, Nr. 1

a) Präteritum: Wir mussten uns beeilen.

b) Perfekt: Max hat seinen Zug verpasst.

c) Plusquamperfekt: Er hatte zu lange auf seinen Freund gewartet.

d) Präsens: Die beiden freuen sich schon lange auf den gemeinsamen Ausflug.

e) Futur I: Sie werden immer viel Spaß haben.

3 Vorzeitigkeit wird durch die Verwendung bestimmter Tempusformen ausgedrückt. So verwendet man das Perfekt, um Vorzeitigkeit gegenüber dem Präsens auszudrücken, und das Plusquamperfekt, um ein vorzeitiges Geschehen gegenüber dem Präteritum anzuzeigen.

Unsere Freunde holten uns von zu Hause ab, wie wir es vereinbart hatten.
Nachdem der Regen nachgelassen hat, können wir draußen weiter feiern.
Während die einen den Grill aufstellen, sorgen die anderen für die Musik.
(Keine Vorzeitigkeit in diesem Satz.)

4 a) Als ich die Tür aufmachte, stellte ich fest, dass es plötzlich schneite.

b) Wenn ich das Buch ausgelesen habe, bekommst du es sofort zurück.

c) Wir hatten einen Knall gehört, darum guckten wir aus dem Fenster.

5 a) (gleichzeitig) b) (vorzeitig) c) (vorzeitig)

Lösungen zu Test 3

1 Die eingesetzten Verbformen im Aktiv sind im Text hervorgehoben. Bei der Aufgabe musste zudem berücksichtigt werden, dass Inhaltsangaben immer im Präsens verfasst werden. Eine vorzeitige Handlung wird durch das Perfekt gekennzeichnet. → Seite 81, Kapitel 8

In der Geschichte „Der kluge Richter“ von Johann Peter Hebel geht es darum, dass ein Richter einen Mann bestraft, der aus Habgier betrogen hat.
Folgendes hat sich ereignet:
Ein reicher Mann hat ein Tuch mit einer großen, darin eingenähten Geldsumme verloren. Deshalb setzt er einen Finderlohn von 100 Talern aus und ein ehrlicher Finder kommt und gibt ihm das Geld zurück. Der Besitzer des Geldes behauptet jedoch, es befänden sich nur 700 statt der verlorenen 800 Taler im Tuch, sodass der Finder seine Belohnung bereits herausgenommen habe. Dieser erwidert, dass er nichts am Tuch verändert habe. Der hinzugerufene Richter durchschaut die Absicht des Reichen und fällt eine kluge Entscheidung. Er nimmt die Aussagen der beiden Streitenden für wahr und beauftragt den Finder, das Tuch so lange aufzubewahren, bis derjenige gefunden sei, der statt der 800 Taler nur die vorhandenen 700 verloren habe.

2 Beim Umformen ins Passiv muss auch auf die Tempusform geachtet werden. Da die Inhaltsangabe im Präsens geschrieben wird, muss auch die Präsensform im Passiv gebildet werden.

Ein reicher Mann, der aus Habgier betrogen hat, wird bestraft. Das Tuch mit dem Geld wird gefunden und zurückgebracht. Eine Einigung kann nicht erreicht werden. So wird eine Entscheidung durch den klugen Richter gefällt.

Lösungen zu Test 4

1 Die Verbformen haben folgende Modi:

	Indikativ	Imperativ	Konjunktiv
Bernd hilft seinem Bruder.	☒	☐	☐
Komm zu mir!	☐	☒	☐
Wir wurden über die Zugverspätung informiert.	☒	☐	☐
Wir wären gern früher gekommen.	☐	☐	☒
Paula dachte, sie würde diesen peinlichen Moment nicht überleben.	☒	☐	☒

2 Bei der Bildung der Formen muss auch auf die Wahl des richtigen Tempus geachtet werden. Dieses muss zum Tempus des anderen Teilsatzes passen.

a) Das Segelschiff könnte längst im Hafen liegen, wenn der Sturm es nicht auf hoher See hielte. b) Der Mannschaft gelänge ganz sicher wieder einmal ein Sieg, wenn sie einen guten Stürmer hätten. c) Wie wäre das schön, wenn die Ferien ewig dauern würden. d) Wenn wir den frühen Zug genommen hätten, wären wir pünktlich am Flughafen angekommen. e) Ich komme zu dir, wenn du mich rufst. f) Sie käme zu uns, wenn ich sie riefe. g) Sie bliebe bestimmt noch länger hier, wenn ihr nicht ständig mit ihr strittet.

3 Bei der Umwandlung in die indirekte Rede können **unterschiedliche Redeeinleitungen** verwendet werden.

Der Satz bei e) steht im Indikativ, und der bei f) im Konjunktiv!

Anna sagte, sie seien am Tag zuvor gut in der Jugendherberge angekommen. Sie bedauerte, es habe leider in Strömen geregnet. Sie meinte, das Wetter solle aber besser werden. Anna war überzeugt, dann würden sie viel Spaß haben.

5 Satzglieder

1 Die Umstellprobe

Ein Satz besteht immer aus mehreren Satzgliedern. Ein Satzglied erkennt man am einfachsten durch die Umstellprobe. Wortgruppen und Wörter, die bei einer Umstellung des Satzes zusammenbleiben müssen, um die Satzaussage nicht zu verändern, sind Satzglieder.

Am Dienstag hat meine Schwester Geburtstag.

Dieser Satz kann mehrfach umgestellt werden:
Meine Schwester hat am Dienstag Geburtstag.
Geburtstag hat meine Schwester am Dienstag.
Hat meine Schwester am Dienstag Geburtstag?

Dieser Satz besteht also aus den folgenden vier Satzgliedern:

Satzglied	Bezeichnung
am Dienstag	*Adverbial*
hat	*Prädikat*
meine Schwester	*Subjekt*
Geburtstag	*Objekt*

2 Das Subjekt

Das Subjekt gibt an, wer etwas tut bzw. wer oder was das Geschehen auslöst. Das Subjekt steht immer im 1. Fall (Nominativ) und stimmt in Person und Zahl mit dem Prädikat überein.

Nach dem Subjekt fragt man: **Wer** oder **was** ...?
Am Dienstag hat meine Schwester Geburtstag.
Wer oder was hat am Dienstag Geburtstag? – **Meine Schwester.**

Das Subjekt kann aber auch ein Infinitiv mit zu oder ein ganzer Satz (Subjektsatz) sein.
Zu gewinnen *ist der Traum aller Olympioniken.*
Früh übten sich ***die Olympiasieger****. (Subjekt)*
Früh übt sich, ***wer ein Meister werden will****. (Subjektsatz)*

Das Subjekt ist meist ein Name, ein Nomen oder ein Pronomen.

3 Das Prädikat

Das Prädikat drückt aus, was getan wird bzw. was geschieht.

Was tut...? Was geschieht...?

Das Prädikat enthält immer eine finite (gebeugte) Verbform, die sich in Person und Zahl nach dem Subjekt richtet.

Zusammen mit dem Subjekt bildet das Prädikat das Grundgerüst des Satzes.
*Am Dienstag **hat** meine Schwester Geburtstag.*
Das Prädikat kann auch aus mehreren Teilen bestehen.
*Am Dienstag **hat** meine Schwester Geburtstag **gehabt**.*

4 Das Objekt

Das Objekt drückt aus, wen oder was die Handlung betrifft.
Objekte unterscheidet man in:

Genitivobjekt (Objekt im 2. Fall):
Einige haben sich der Stimme enthalten.
Wessen haben sich einige enthalten? – **Der Stimme.**

Dativobjekt (Objekt im 3. Fall):
Ihrer Freundin gab meine Schwester eine Geburtstagseinladung.
Wem gab sie eine Geburtstagseinladung? – **ihrer Freundin.**

Akkusativobjekt (Objekt im 4. Fall):
Am Dienstag hat meine Schwester Geburtstag.
Wen oder was hat meine Schwester am Dienstag? – **Geburtstag.**

Präpositionalobjekt (Objekt im Dativ oder Akkusativ, das mit einer Präposition an das Prädikat gebunden ist):
Mit einer Freundin bereitet meine Schwester die Party vor.
Mit wem bereitet meine Schwester die Party vor? – **mit einer Freundin**

Auch Sätze können Objekte sein, man bezeichnet diese Gliedsätze als **Objektsätze.**
Meine Schwester zeigte mir, dass sie alles für die Party vorbereitet hat.
Wen oder was zeigte mir meine Schwester? – **Dass sie alles für die Party vorbereitet hat.**

5 Das Adverbial

Adverbiale geben die näheren Umstände zu einem Geschehen an.
Die wichtigsten Adverbiale sind:

Temporalbestimmung (Zeit): *In zwei Stunden beginnt die Party.*
Wann beginnt die Party? – **In zwei Stunden.**

Lokalbestimmung (Ort): *Im Partykeller ist alles bereit.*
Wo ist alles bereit? – **Im Partykeller.**

Modalbestimmung (Art und Weise): *Rasch füllt sich die Tanzfläche.*
Wie füllt sich die Tanzfläche? – **Rasch.**

Kausalbestimmung (Grund): *Wegen des Lärms holten die Nachbarn die Polizei.*
Warum holten die Nachbarn die Polizei? – **Wegen des Lärms.**

6 Das Attribut

Attribute geben genauere Auskunft über das Wort, auf das sie sich beziehen (Beziehungswort).
*Geburtstagsparty – **erste** Geburtstagsparty*
Bei der Umstellprobe können Attribute nur gemeinsam mit anderen Satzgliedern verschoben werden. Daher sind Attribute keine selbständigen Satzglieder, sondern ein **Satzgliedteil.**

Am Dienstag feiert meine Schwester ihre erste Geburtstagsparty.

Meine Schwester feiert am Dienstag ihre erste Geburtstagsparty.

Ihre erste Geburtstagsparty feiert meine Schwester am Dienstag.

Erste Geburtstagsparty lässt sich nicht trennen. *Erste* ist das Attribut zu *Geburtstagsparty.* Man kann fragen: Was für eine Geburtstagsparty feiert deine Schwester? – ihre **erste.**

7 Adverbialsätze

Nicht nur einzelne Wörter, sondern auch ganze Sätze können Adverbiale sein.
Diese Gliedsätze bezeichnet man als **Adverbialsätze.**
Adverbial: *Geschlossen, **wegen Umbau.*** (Kausal)
Adverbialsatz: *Geschlossen, **weil wir umbauen.*** (Kausalsatz)

Adverbialsätze bestimmen die Aussage des Hauptsatzes näher. Man unterscheidet verschiedene Arten von Adverbialsätzen. Man bestimmt Adverbialsätze, indem man nach ihnen fragt. Außerdem sind sie häufig am Einleitewort erkennbar.

Hier sind die wichtigsten Adverbialsätze aufgeführt:

Adverbialsatz	Einleitewörter	Beispiel
Modalsatz (Art und Weise)	indem, wie, (anders) als, ohne dass, als ob ...	*Die Geburtstagsparty läuft so,* wie *es meine Schwester geplant hat.*
Temporalsatz (Zeit)	als, während, bis, bevor, ehe, nachdem, seitdem ...	Nachdem *alle Gäste eingetroffen waren, begann die Party.*
Lokalsatz (Ort und Richtung)	wo, wohin, woher ...	*Die Party ist dort,* wo *die Musik am lautesten ist.*
Kausalsatz (Grund und Ursache)	weil, da, zumal ...	*Die Party musste beendet werden,* weil *es schon spät war.*
Konditionalsatz (Bedingung)	wenn, falls, unter der Bedingung – dass ...	Wenn *ich Zeit habe, komme ich zur Party.*
Finalsatz (Zweck und Absicht)	damit, auf dass ...	Damit *ich rechtzeitig zur Party komme, muss ich mich beeilen.*
Konsekutivsatz (Folge und Wirkung)	sodass, so – dass, als dass	*Ich habe mich beeilt,* sodass *ich rechtzeitig auf der Party war.*
Konzessivsatz (Einräumung)	obwohl, obgleich, obschon, wenngleich ...	Obwohl *es regnete, ging ich zur Party.*

TEST 1 Subjekt und Prädikat

1 Unterstreiche im folgenden Text die Subjekte und Prädikate.

Zwergkaninchen müssen sich in ihrem Käfig wohlfühlen. Damit dieses Ziel erreicht wird, sollten folgende Hinweise beachtet werden.
Auf den Käfigboden kommt eine 5–7 cm dicke Schicht Kleintierstreu. Darüber sollte eine dichte Lage Stroh, in die sich die Zwergkaninchen gerne einkuscheln, gestreut werden.
Heu ist eine wichtige Nahrungsquelle für die Kaninchen. Es sollte am besten in einer Raufe angeboten werden. Auch sauberes und frisches Wasser muss den Zwergkaninchen immer in ausreichender Menge zur Verfügung stehen. Das Futter wird am besten in einen glasierten Napf aus Steingut gefüllt, denn solche Näpfe können die Kaninchen nicht so leicht umwerfen.

2 Setze in den folgenden Sätzen die Verben als Prädikate in der richtigen Form ein.

hoppeln ▪ müssen beachten ▪ werden ▪ beschränken ▪ sollen haben ▪ gehen ▪ setzen ▪ sein ▪ werden schützen ▪ müssen aufbauen ▪ haben gegraben

Kaninchen ____________ gern auf Wiesen. Aber bevor es ins Freie ________, ________ der Besitzer einige Vorsichtsmaßnahmen ____________. Zunächst ________ man ein Gehege ____________, damit ________ der Auslauf der Kaninchen ____________ und sie ____________ vor Gefahren ____________. Du ____________ Sichtkontakt zu den Zwergen ____________. Am besten ________ du die Tiere dann ins Gehege, wenn du auch im Garten ________. Schon manches Zwergkaninchen ________ sich ohne Aufsicht unter dem Gehegegitter hindurch ____________.

3 Unterstreiche die Subjekte und verbinde sie durch einen Pfeil mit dem dazugehörigen Prädikat.

TEST 2 Objekt

1 Unterstreiche in den Sätzen von Aufgabe 2 die Objekte.

2 Formuliere die korrekten Fragen und bestimme anschließend die Objekte.

a) Zwergkaninchen eröffnen den Kindern ein breites Betätigungsfeld.

Frage 1:

Antwort 1:

Bestimmung 1:

Frage 2:

Antwort 2:

Bestimmung 2:

b) Franziska und Laura beschäftigen sich mit ihren Kaninchen.

Frage:

Antwort:

Bestimmung:

c) Die Kinder sollten sich der zeitlichen Belastung bewusst sein.

Frage:

Antwort:

Bestimmung:

d) Florian möchte wissen, ob er auch ein Zwergkaninchen bekommt.

Frage:

Antwort:

Bestimmung:

TEST 3 Objekt, Adverbial und Attribut

1 Unterstreiche und bestimme in den folgenden Sätzen die Objekte.

a) Jedes Kaninchen benötigt frisches und sauberes Trinkwasser.

b) Man sollte nicht versuchen, Kaninchen mit Milch aufzuziehen.

c) Im Frühjahr und Sommer muss man den Kaninchen frische Gräser und Kräuter anbieten.

d) Das Fell der Kaninchen sollte regelmäßig mit einer entsprechenden Bürste gepflegt werden.

e) Wenn man das Kaninchen regelmäßig streichelt, zeigt das dem Tier, dass man es gern hat.

2 Vervollständige die folgenden Sätze, indem du die geforderten Satzglieder ergänzt.

a) *Temporalbestimmung* / läuft er / *Lokalbestimmung* / *Präpositionalobjekt*.

/ läuft er / /

b) *Modalbestimmung* / ertaste ich / *Akkusativobjekt* / *Präpositionalobjekt*.

/ ertaste ich /

c) *Temporalbestimmung* / geht Oma / *Präpositionalobjekt* / einkaufen.

/ geht Oma / / einkaufen.

d) *Modalbestimmung* / pflückte sie / *Akkusativobjekt*.

/ pflückte sie /

e) *Präpositionalobjekt* / kam er / *Temporalbestimmung* / *Lokalbestimmung* / an.

/ kam er / / / an.

TEST 4 Adverbialsätze

1 Untersteiche in den folgenden Sätzen die Adverbialsätze und bestimme sie. Achte auf das jeweilige Einleitewort.

a) Ich möchte, ehe ich euch in den Garten führe, die Vorgeschichte erzählen.

b) Weil uns die Kritik an unserem Garten ärgerte, beschlossen wir zu handeln.

c) Wir machten alle mit, obwohl eigentlich keiner Zeit hatte.

d) Bevor wir mit dem Jäten begannen, musste erst einmal der Rasen gemäht werden.

e) Als das getan war, wurden einige Büsche geschnitten.

f) Mehr Licht haben wir gewonnen, indem wir einen alten Zaun entfernt haben.

2 Ergänze die geforderten Adverbialsätze in deinem Heft.

a) Wer nicht lernt, muss sich nicht wundern, ... (Konditionalsatz)
b) Heimat ist dort, ... (Lokalsatz)
c) Alle waren müde, ... (Temporalsatz)
d) Beeil dich, ... (Finalsatz)
e) (Kausalsatz) ..., pflückte sie Blumen.

Lösungen zu Test 1

1 Die Subjekte (rot) und Prädikate (grün) sind farblich gekennzeichnet.

Zwergkaninchen müssen sich in ihrem Käfig wohlfühlen. Damit dieses Ziel erreicht wird, sollten folgende Hinweise beachtet werden.
Auf den Käfigboden kommt eine 5–7 cm dicke Schicht Kleintierstreu.
Darüber sollte eine dichte Lage Stroh, in die sich die Zwergkaninchen gerne einkuscheln, gestreut werden.
Heu ist eine wichtige Nahrungsquelle für die Kaninchen. Es sollte am besten in einer Raufe angeboten werden. Auch sauberes und frisches Wasser muss den Zwergkaninchen immer in ausreichender Menge zur Verfügung stehen.
Das Futter wird am besten in einen glasierten Napf aus Steingut gefüllt, denn solche Näpfe können die Kaninchen nicht so leicht umwerfen.

2 und 3

Hier findest du die Lösung. Die Subjekte sind wieder rot gekennzeichnet. Die Pfeile zeigen die Beziehung zwischen Subjekt und Prädikat.

Kaninchen hoppeln gern auf Wiesen. Aber bevor es ins Freie geht, muss der Besitzer einige Vorsichtsmaßnahmen beachten. Zunächst muss man ein Gehege aufbauen, damit wird der Auslauf der Kaninchen beschränkt und sie werden vor Gefahren geschützt. Du solltest Sichtkontakt zu den Zwergen haben. Am besten setzt du die Tiere dann ins Gehege, wenn du auch im Garten bist. Schon manches Zwergkaninchen hat sich ohne Aufsicht unter dem Gehegegitter hindurch gegraben.

Lösungen zu Test 2

1 und 2

Hier findest du die richtigen Fragen und Antworten. Die genaue Fragestellung ist wichtig, um die Satzglieder richtig bestimmen zu können.

a) Zwergkaninchen eröffnen den Kindern ein breites Betätigungsfeld.

Frage 1: Wem eröffnen Zwergkaninchen ein breites Betätigungsfeld?

Antwort 1: den Kindern

Bestimmung 1: Dativobjekt

Frage 2: Wen oder was eröffnen die Zwergkaninchen den Kindern?

Antwort 2: ein breites Betätigungsfeld

Bestimmung 2: Akkusativobjekt

b) Franziska und Laura beschäftigen sich mit ihren Kaninchen.

Frage: Mit wem oder was beschäftigen sich Franziska und Laura?

Antwort: mit ihren Kaninchen

Bestimmung: Präpositionalobjekt

c) Die Kinder sollten sich der zeitlichen Belastung bewusst sein.

Frage: Wessen sollten sich die Kinder bewusst sein?

Antwort: der zeitlichen Belastung

Bestimmung: Genitivobjekt

d) Florian möchte wissen, ob er auch ein Zwergkaninchen bekommt.

Frage: Wen oder was möchte Florian wissen?

Antwort: ob er auch ein Zwergkaninchen bekommt

Bestimmung: Objektsatz

Lösungen zu Test 3

1 Folgende Bestimmungen der Objekte sind richtig.

a) Jedes Kaninchen benötigt frisches und sauberes Trinkwasser.
Akkusativobjekt

b) Man sollte nicht versuchen, Kaninchen mit Milch aufzuziehen.
Akkusativobjekt, Präpositionalobjekt

c) Im Frühjahr und Sommer muss man den Kaninchen frische Gräser und Kräuter anbieten.
Dativobjekt, Akkusativobjekt

d) Das Fell der Kaninchen sollte regelmäßig mit einer entsprechenden Bürste gepflegt werden.
Präpositionalobjekt

e) Wenn man das Kaninchen regelmäßig streichelt, zeigt das dem Tier, dass man es gern hat.
Akkusativobjekt, Dativobjekt, Objektsatz

2 Folgende Ergänzungen wären beispielsweise möglich.

a) *Temporalbestimmung* / läuft er / *Lokalbestimmung* / *Präpositionalobjekt*.
Morgens / läuft er / im Wald / mit einem Freund.

b) *Modalbestimmung* / ertaste ich / *Akkusativobjekt* / *Präpositionalobjekt*.
Vorsichtig / ertaste ich / den Weg durch das dunkle Zimmer.

c) Temporalbestimmung / geht Oma / Präpositionalobjekt / einkaufen.
Heute / geht Oma / mit Florian / einkaufen.

d) *Modalbestimmung* / pflückte sie / *Akkusativobjekt*.
Gemächlich / pflückte sie / Blumen.

e) *Präpositionalobjekt* / kam er / *Temporalbestimmung* / *Lokalbestimmung* / an.
Durch glückliche Umstände / kam er / am Abend / zu Hause / an.

Lösung zu Test 4

1 Die Adverbialsätze müssen folgendermaßen bestimmt werden.

a) Ich möchte, ehe ich euch in den Garten führe, die Vorgeschichte erzählen.
Temporalsatz

b) Weil uns die Kritik an unserem Garten ärgerte, beschlossen wir zu handeln.
Kausalsatz

c) Wir machten alle mit, obwohl eigentlich keiner Zeit hatte.
Konzessivsatz

d) Bevor wir mit dem Jäten begannen, musste erst einmal der Rasen gemäht werden.
Temporalsatz

e) Als das getan war, wurden einige Büsche geschnitten.
Temporalsatz

f) Mehr Licht haben wir gewonnen, indem wir einen alten Zaun entfernt haben.
Modalsatz

2 Die folgenden Ergänzungen stellen lediglich Beispiele dar.

a) Wer nicht lernt, muss sich nicht wundern, wenn er in der Klassenarbeit versagt.
(Konditionalsatz)

b) Heimat ist dort, wo man sich heimisch fühlt.
(Lokalsatz)

c) Alle waren müde, als wir in der Jugendherberge ankamen.
(Temporalsatz)

d) Beeil dich, damit wir rechtzeitig zur Party kommen.
(Finalsatz)

e) Weil sie die Großmutter erfreuen wollte, pflückte sie Blumen.
(Kausalsatz)

6 Zeichensetzung WISSEN

1 Satzende

Das Satzende wird durch ein Satzschlusszeichen markiert. Man unterscheidet:

- **Aussagesatz,** er endet mit dem Punkt (finites Verb an 2. Stelle): *Es gibt viele Sagen.*
- **Fragesatz,** er endet mit dem Fragezeichen (finites Verb am Satzbeginn oder nach dem ersten Satzteil): *Kennst du eine Sage? Welche Sagen kennst du?*
- **Aufforderungssatz,** er endet mit dem Ausrufezeichen (Imperativform des Verbs am Satzbeginn): *Erzähle eine Sage!*

2 Verbundene Hauptsätze (Satzreihe)

Als Hauptsätze bezeichnet man Sätze, die auch allein stehen können. Man erkennt sie daran, dass sie ein Subjekt und ein Prädikat aufweisen. Das finite Verb findet man in Hauptsätzen an 2. Stelle. Einen zusammengesetzten Satz aus zwei oder mehreren Hauptsätzen nennt man eine Satzreihe. Die einzelnen Hauptsätze einer Satzreihe werden durch ein Komma getrennt. Wenn zwei Hauptsätze durch **und, oder, beziehungsweise, entweder – oder, weder – noch** miteinander verbunden sind, kann man ein Komma setzen (zur besseren Übersichtlichkeit des Satzes), man muss es aber nicht.

Du magst Heldensagen aus der Antike, ich liebe die Heimatsagen.

*Ich lese zu Hause**(,) und** du fährst in die Bibliothek.*

Aber: *Ich bleibe zu Hause und lese in meinem Sagenbuch.* Kein Komma, da der zweite Teil des Satzes nicht vollständig ist, es fehlt das Subjekt.

3 Verbindung aus Haupt- und Nebensatz (Satzgefüge)

Im Unterschied zum Hauptsatz erkennt man den Nebensatz daran, dass das finite Verb am Satzende zu finden ist. Einen zusammengesetzten Satz aus einem Hauptsatz (HS) und einem oder mehreren Nebensätzen (NS) nennt man ein Satzgefüge. Die Sätze werden durch Komma getrennt.

Er liebte die Sage, in der die Abenteuer des Odysseus beschrieben wurden. (HS, NS)

Ein Nebensatz kann auch in einen Hauptsatz eingeschoben sein. Dann wird vor Beginn und am Ende des Nebensatzes ein Komma gesetzt.

Er las, während sein kleiner Bruder schlief, von den Abenteuern des griechischen Helden. (HS 1, NS, HS 1)

4 Infinitiv- und Partizipgruppen

Wortgruppen mit einem Infinitiv mit „zu" oder einem Partizip können, müssen aber nicht durch ein Komma innerhalb des Satzes abgesetzt werden.
Franziska hatte geplant(,) zur Odyssee einen Comic zu gestalten.
Ein Komma muss gesetzt werden, wenn die Infinitivgruppe mit „zu" mit **um, ohne, anstatt, als** oder **außer** eingeleitet wird.
*Sie gingen, **ohne** sich vom Gastgeber zu verabschieden.*
Ein Komma ist sinnvoll, wenn es zu Missverständnissen über die Satzaussage kommen kann. Verändert ein Komma (je nach Position) die Satzaussage, *muss* es gesetzt werden.
Wir raten, ihm zu gehorchen. Oder: Wir raten ihm, zu gehorchen.

5 Direkte Rede

Vor und hinter wörtlich wiedergegebenen Äußerungen (direkte Rede) stehen Anführungszeichen.
*Florian sagte zu Laura: **„**Lies mir bitte diese Geschichte vor.**"***
Wenn nach der direkten Rede ein Redebegleitsatz folgt, setzt man nach dem Anführungszeichen ein Komma.
***„**Ich kann noch nicht so gut lesen**"**, begründete Florian seine Bitte.*
Wird eine direkte Rede unterbrochen, so setzt man die einzelnen Redeteile in Anführungszeichen und vor und nach dem Redebegleitsatz setzt man ein Komma.
„**Ich habe jetzt keine Zeit**"**, sagte Laura, **„**aber wenn ich meine Hausaufgaben gemacht habe, dann lese ich dir vor.**"
Satzzeichen stehen innerhalb der Anführungszeichen, wenn sie zum wörtlich wiedergegebenen Text gehören.
Die wörtliche Rede wird nicht mit einem Punkt beendet, wenn ein Redebegleitsatz mit einem Komma angeschlossen ist.

6 Aufzählung

Aufzählungen in einem Satz werden durch Kommas getrennt, wenn sie nicht durch **und, sowie, beziehungsweise, oder, weder, noch** verbunden sind.

TEST 1 Infinitiv- und Partizipgruppen

1 Suche die Infinitiv- und Partizipgruppen (also Wortgruppen mit einem Infinitiv mit „zu" oder einem Partizip) heraus und unterstreiche diese.

a) Auf dem blutigen Schlachtfeld vor den Toren Trojas hatte Odysseus nur das Ziel, Troja zu besiegen, um bald nach Hause zurückzukehren.

b) Er nahm sich vor, den Sieg durch List zu erreichen.

c) Um nach Hause zu kommen, musste Odysseus viele Abenteuer bestehen.

d) Mit dem Schwert und dem Beistand der Götter kämpfend, eroberte er sich sein Heim zurück.

2 Suche aus den folgenden Sätzen die Infinitiv- und Partizipgruppen (also Wortgruppen mit einem Infinitiv mit „zu" oder einem Partizip) heraus und unterstreiche diese. Setze anschließend die Kommas. Begründe deine Entscheidung.

a) Ein Glas in der Hand haltend stand er in der Tür.

b) Etwas Besseres als eine Reise zu gewinnen konnte nicht passieren.

c) Ohne zu überlegen machte sich Franziska an die Erledigung ihrer Hausaufgaben.

d) Florian spielte anstatt zu schlafen in seinem Zimmer.

e) Laura spielte jede Torchance verwandelnd ein erfolgreiches Turnier.

f) Mit seiner Kraft und Leistungsbereitschaft hat das Pferd den Menschen geholfen Felder zu bestellen Mühlsteine zu bewegen und große Entfernungen zurückzulegen.

TEST 2 Direkte Rede

1 Im folgenden Text fehlen die Zeichen der direkten Rede. Setze die entsprechenden Zeichen ein.

Ein Mann reitet auf seinem Esel nach Haus und lässt seinen Buben zu Fuß nebenherlaufen. Da kommt ein Wanderer und sagt Das ist nicht recht, Vater, dass Ihr reitet und lasst Euern Sohn laufen; Ihr habt stärkere Glieder. Da stieg der Vater vom Esel herab und ließ den Sohn reiten. Das ist nicht recht, Bursche, dass du reitest und lässest deinen Vater zu Fuß gehen. Du hast jüngere Beine sagte ein weiterer Wandersmann. Da saßen beide auf und ritten eine Strecke. Was ist das für ein Unverstand sagte ein dritter Wanderer zwei Kerle auf einem schwachen Tiere; sollte man nicht einen Stock nehmen und euch beide hinabjagen? Da stiegen beide ab und gingen zu Fuß, rechts und links der Vater und Sohn und in der Mitte der Esel. Kommt ein vierter Wandersmann und sagt Ihr seid drei kuriose Gesellen. Ist es nicht genug, wenn zwei zu Fuß gehen? Geht es nicht leichter, wenn einer von euch reitet? Da band der Vater dem Esel die vorderen Beine zusammen, zogen einen starken Baumpfahl durch, der an der Straße stand und Sohn und Vater trugen den Esel auf der Achsel heim.
So weit kann es kommen, wenn man es allen Leuten recht machen will.

Johann Peter Hebel: Schatzkästlein des rheinischen Hausfreundes. Reclam 1999

2 Erkennst du die Sätze und die wörtlichen Reden? Schreibe den Text mit Satzschlusszeichen und den Zeichen der wörtlichen Rede in dein Heft.

einmal ging Eulenspiegel in Erfurt zu den Marktständen, wo Fleisch angeboten wurde da sprach ihn ein Metzger an willst du nicht etwas mitnehmen Eulenspiegel fragte was soll ich mitnehmen der Metzger meinte nimm einen Braten mit Eulenspiegel nahm einen Braten und ging davon der Metzger lief ihm nach und rief halt du musst den Braten bezahlen

TEST 3 Hauptsatz und Nebensatz

1 Unterstreiche in allen Sätzen die finite Verbform und setze die fehlenden Kommas! Kommas, die man setzen kann, aber nicht muss, bitte in Klammern setzen. Hier eine kleine Hilfe: Es fehlen 14 Kommas im Text.

Die beiden Maultiere

Zwei Maultiere wanderten mit schweren Lasten dahin. Das eine trug einen Korb der mit Goldstücken gefüllt war das andere aber trug einen Sack voll Gerste.

Das Maultier das das Gold trug kam stolz daher warf den Kopf zurück streckte den Hals vor und die Glocke an seinem Hals tönte laut. Das andere Maultier aber folgte gelassen.

Plötzlich sprang eine Räuberbande hinter den Felsen hervor. Die Maultierführer und die Räuber kämpften erbittert miteinander zum Schluss aber ritten die Räuber mit dem Gold davon. In dem Gefecht und dem Durcheinander war das erste Maultier verwundet worden. Das zweite Maultier dessen Last Gerste die Räuber nicht im geringsten interessiert hatte hatte sich zurückgehalten. Sobald alles wieder still war kam es heran. „Es tut mir leid dass du verletzt bist" sagte es zu dem verwundeten Maultier. „Als wir losgingen habe ich dich um deine wertvolle Last beneidet. Aber nun bin ich froh dass ich nur Gerste zu tragen habe. Denn du hast alles verloren und mir ist nichts geschehen. Komm ich helfe dir weiter."

Johann Peter Hebel: Schatzkästlein des rheinischen Hausfreundes. Reclam 1999

2 Suche aus dem Text je eine Satzreihe und ein Satzgefüge heraus und schreibe sie in folgende Tabelle.

Satzreihe	Satzgefüge

TEST 4 Zusammenfassung

1 Unterstreiche die finiten Verbformen und setze die fehlenden Kommas.

Es war nicht gerade ein Meisterstück das drei Autodiebe vollbrachten. Die jungen Männer scheiterten an ihrer eigenen Dummheit. Ein Zeuge beobachtete das Trio wie es vom Hof eines Gebrauchtwagenhändlers einen Ford stehlen wollte. Als die alarmierte Polizei ankam war der Wagen schon weg. Aber er war noch nicht weit denn den Dieben war nach ein paar hundert Metern der Sprit ausgegangen sodass sie schieben mussten.

D6

2 Höre dir das Diktat von der CD an, schreibe mit und setze die fehlenden Satzzeichen.

3 Markiere alle Satzanfänge und die deshalb großzuschreibenden Buchstaben und setze alle fehlenden Satzzeichen.

Der Vegetarier

der räuberische Fuchs der sich am liebsten von Hühnern und Hasen ernährt ließ im Tierreich verbreiten dass er von nun an nur noch auf Pflanzenkost schwöre der Löwe sandte Kundschafter aus die überprüfen sollten ob das Gerücht auf Wahrheit beruhe auf den Gemüsebeeten im Garten vor der Höhle des Fuchses fanden die Boten Gemüse in reichlicher Menge der Fuchs aber ruhte satt und fett auf dem sonnigen Vorplatz seiner Behausung scheinheilig versicherte er dass ihm Pflanzennahrung sehr gut bekomme aber er beschimpfte grässlich die Hasen dass sie sein Eigentum nicht achten würden jede Nacht stehlen sie meine Weißkohlblätter und Möhren die ich in wochenlanger Arbeit gepflanzt und gepflegt habe und die ich nun ernten will ich fange jeden Tag zwei Hasen um die anderen zu lehren, dass sie Gartendiebstähle künftig meiden, doch bisher kamen sie stets in der nächsten Nacht wieder ich bin geduldig und gebe die Hoffnung dass ich sie erziehe nicht auf

Deutsche Fabeln des 18. Jahrhunderts. Auswahl und Nachwort: Manfred Windfuhr. Reclam

6 Zeichensetzung LÖSUNGEN

Lösungen zu Test 1

1 a) Auf dem blutigen Schlachtfeld vor den Toren Trojas hatte Odysseus nur das Ziel, Troja zu besiegen, um bald nach Hause zurückzukehren.

b) Er nahm sich vor, den Sieg durch List zu erreichen.

c) Um nach Hause zu kommen, musste Odysseus viele Abenteuer bestehen.

d) Mit dem Schwert und dem Beistand der Götter kämpfend, eroberte er sich sein Heim zurück.

2 a) Ein Glas in der Hand haltend(,) stand er in der Tür. – Die Partizipgruppe kann zur Verdeutlichung der Satzaussage durch ein Komma abgetrennt werden.

b) Etwas Besseres, als eine Reise zu gewinnen, konnte mir nicht passieren.– Das Komma muss gesetzt werden, da die Infinitivgruppe mit „als" eingeleitet wird.

c) Ohne zu überlegen, machte sich Franziska an die Erledigung ihrer Hausaufgaben. – Das Komma muss gesetzt werden, da die Infinitivgruppe mit „ohne" eingeleitet wird.

d) Florian spielte, anstatt zu schlafen, in seinem Zimmer. – Das Komma muss gesetzt werden, da die Infinitivgruppe mit „anstatt" eingeleitet wird.

e) Laura spielte (,) jede Torchance verwandelnd(,) ein erfolgreiches Turnier. – Die Partizipgruppe kann zur Verdeutlichung der Satzaussage durch ein Komma abgetrennt werden.

f) Mit seiner Kraft und Leistungsbereitschaft hat das Pferd den Menschen geholfen (,) Felder zu bestellen, Mühlsteine zu bewegen und große Entfernungen zurückzulegen. – Das erste Komma kann zur Verdeutlichung der Satzaussage gesetzt werden. Das zweite Komma muss gesetzt werden, da es sich um eine **Aufzählung** von Infinitivgruppen handelt.

Lösungen zu Test 2

1 Anzuwenden war die Regel auf → Seite 62, Nr. 5.

Ein Mann reitet auf seinem Esel nach Haus und lässt seinen Buben zu Fuß nebenherlaufen. Da kommt ein Wanderer und sagt: „Das ist nicht recht, Vater, dass Ihr reitet und lasst Euern Sohn laufen; Ihr habt stärkere Glieder."
Da stieg der Vater vom Esel herab und ließ den Sohn reiten. „Das ist nicht recht, Bursche, dass du reitest und lässest deinen Vater zu Fuß gehen. Du hast jüngere Beine", sagte ein weiterer Wandersmann. Da saßen beide auf und ritten eine Strecke. „Was ist das für ein Unverstand", sagte ein dritter Wanderer, „zwei Kerle auf einem schwachen Tiere; sollte man nicht einen Stock nehmen und euch beide hinabjagen?" Da stiegen beide ab und gingen zu Fuß, rechts und links der Vater und Sohn und in der Mitte der Esel. Kommt ein vierter Wandersmann und sagt: „Ihr seid drei kuriose Gesellen. Ist es nicht genug, wenn zwei zu Fuß gehen? Geht es nicht leichter, wenn einer von euch reitet?" Da band der Vater dem Esel die vorderen Beine zusammen, zogen einen starken Baumpfahl durch, der an der Straße stand und Sohn und Vater trugen den Esel auf der Achsel heim.
So weit kann es kommen, wenn man es allen Leuten recht machen will.

2 Anzuwenden waren die Regeln von → Seite 61, Nr. 1 und Seite 62, Nr. 5.

Einmal ging Eulenspiegel in Erfurt zu den Marktständen, wo Fleisch angeboten wurde. Da sprach ihn ein Metzger an: „Willst du nicht etwas mitnehmen?" Eulenspiegel fragte: „Was soll ich mitnehmen?" Der Metzger meinte: „Nimm einen Braten mit!" Eulenspiegel nahm einen Braten und ging davon. Der Metzger lief ihm nach und rief: „Halt! Du musst den Braten bezahlen."

Lösungen zu Test 3

1 Anzuwenden waren die Regeln von → Seite 60, Nr. 2, 3 und Seite 62, 5 und 6.

Die beiden Maultiere

Zwei Maultiere wanderten mit schweren Lasten dahin. Das eine trug einen Korb, der mit Goldstücken gefüllt war, das andere aber trug einen Sack voll Gerste.

Das Maultier, das das Gold trug, kam stolz daher, warf den Kopf zurück, streckte den Hals vor und die Glocke an seinem Hals tönte laut. Das andere Maultier aber folgte gelassen.

Plötzlich sprang eine Räuberbande hinter den Felsen hervor. Die Maultierführer und die Räuber kämpften erbittert miteinander, zum Schluss aber ritten die Räuber mit dem Gold davon. In dem Gefecht und dem Durcheinander war das erste Maultier verwundet worden. Das zweite Maultier, dessen Last Gerste die Räuber nicht im geringsten interessiert hatte, hatte sich zurückgehalten

Sobald alles wieder still war, kam es heran. „Es tut mir leid, dass du verletzt bist", sagte es zu dem verwundeten Maultier. „Als wir losgingen, habe ich dich um deine wertvolle Last beneidet. Aber nun bin ich froh, dass ich nur Gerste zu tragen habe. Denn du hast alles verloren und mir ist nichts geschehen. Komm(,) ich helfe dir weiter."

Im letzten Satz kann nach dem ersten Wort ein Komma gesetzt werden, wenn man es als eine Art Aufruf versteht. !

2 Hier siehst du die eine im Text enthaltenen Satzreihe sowie zwei Beispiele für ein Satzgefüge.

Satzreihe	Satzgefüge
– Die Maultierführer und die Räuber kämpften erbittert miteinander, zum Schluss aber ritten die Räuber mit dem Gold davon.	– Das eine trug einen Korb, der mit Goldstücken gefüllt war, das andere aber trug einen Sack voll Gerste. – Das Maultier, das das Gold trug, kam stolz daher, warf den Kopf zurück, streckte den Hals vor und die Glocke an seinem Hals tönte laut.

Lösungen zu Test 4

1 Anzuwenden waren die Regeln von → Seite 61, Nr.2 und 3.

Es war nicht gerade ein Meisterstück, das drei Autodiebe vollbrachten. Die jungen Männer scheiterten an ihrer eigenen Dummheit. Ein Zeuge beobachtete das Trio, wie es vom Hof eines Gebrauchtwagenhändlers einen Ford stehlen wollte. Als die alarmierte Polizei ankam, war der Wagen schon weg. Aber er war noch nicht weit, denn den Dieben war nach ein paar hundert Metern der Sprit ausgegangen, so dass sie schieben mussten.

2 Anzuwenden waren die Regeln von → Seite 61, Nr. 2, 3 und Seite 62, Nr. 4 und 5. Entsprechend der Regel Nr. 4 kann man die Infinitivgruppe mit „zu“ im letzten Satz durch ein Komma abtrennen, man muss es aber nicht.

Bankräuber stellte sich an der Kasse brav hinten an
Ordnung muss sein: Brav hat sich ein maskierter Bankräuber in München an der Kasse angestellt und gewartet, bis er an die Reihe kam. Erst dann richtete der Täter seine Pistole auf die 21-jährige Kassiererin, berichtete die Polizei am Freitag. Die Höflichkeit des Bankräubers hatte allerdings ein Ende, als die junge Frau auf seine wortlose Geste nicht reagierte. „Geht das nicht ein bisschen schneller?“, fauchte er durch die schwarze Maske mit Sehschlitzen. Dem Mann gelang es(,) ungehindert mit 12 500 Mark das Weite zu suchen.

3 Hier sind unterschiedliche Lösungen möglich. Beispielsweise können einzelne Hauptsätze unverbunden nebeneinander stehen oder aber zu Satzreihen verbunden werden.
Eine Musterlösung findest Du auf der CD-ROM.

7 Sachtexte lesen und verstehen

1 Arten von Sachtexten

Sachtexte begegnen uns alltäglich: im Unterricht, in Zeitungen und Zeitschriften, im Internet. Sie unterscheiden sich von literarischen Texten dadurch, dass ihre Autoren entweder über ein bestimmtes Thema informieren wollen (**informierender Sachtext**) oder einen Standpunkt zu einem Problem darstellen wollen (**argumentierender Sachtext**).

2 Untersuchung informierender Sachtexte

Bei der Untersuchung informierender Sachtexte geht es vor allem darum, den Informationsgehalt des Textes zu erfassen. Hierbei sollen die **Hauptinformation** und der **Gedankengang** des Textes erschlossen werden. Dazu werden verschiedene **Lesetechniken** (→ Seite 171, Kapitel 15) benötigt.

3 Hauptinformation

Die Hauptinformation eines Textes ist der wesentliche Inhalt, der sogenannte Kern der Mitteilung.
Die Hauptinformation kann an mehreren Stellen des Textes, manchmal auch nur in einem einzelnen Satz oder in der Überschrift enthalten sein.

4 Gedankengang

Wenn man den Gedankengang eines Textes erfassen will, muss man den Aufbau des Textes untersuchen. Dazu prüft man zunächst, ob die äußere Einteilung in Absätze mit den Sinnabschnitten übereinstimmt. Wenn nicht, markiert man den Beginn neuer Abschnitte.
Um den Gedankengang eines Textes darzustellen, notiert man den Inhalt der Abschnitte stichpunktartig. Danach kontrolliert man die Stichpunkte noch einmal anhand des Textes und ergänzt gegebenenfalls.
Informierende Texte gehen häufig von Beispielen aus und führen zu einer Schlussfolgerung oder eine zusammenfassende Aussage wird mit Beispielen belegt.
Elemente argumentierender Texte sind Thesen, Argumente als Begründung sowie Beispiele. (→ Seite 160, Kapitel 14)

5 Untersuchung argumentierender Sachtexte

In diesen Texten werden Wertungen und Meinungen formuliert. Wichtig ist, dass man diese von den reinen Sachinformationen unterscheidet. Der Autor kann seinen Standpunkt **direkt** ausdrücken. Oft jedoch sind Meinungen und Wertungen nur **indirekt** erkennbar und müssen durch den Sinnzusammenhang erschlossen werden.

6 Direkte Meinungsäußerungen

Man erkennt direkte Meinungsäußerungen an folgenden Besonderheiten.

- **Einleitungen**, wie: *Ich finde/meine/denke, dass ... – Meiner Meinung nach ...*
- **Kommentare**, wie: *Das gefällt mir. – Ich bin beeindruckt., – Das enttäuscht mich sehr. – ... ist von großer Bedeutung*
- **Wertende Ausdrücke**, wie: *angeblich, scheinbar, sogenannt*
- **Distanzierende Wendungen**, wie: *Sie behaupten, dass ... – Er will nicht gewusst haben, dass ...*

7 Indirekte Meinungsäußerungen

Indirekte Meinungsäußerungen sind zum Beispiel an folgenden Auffälligkeiten zu erkennen.

- Aufbau des Textes sowie Auswahl und Anordnung der Fakten
  Eine Argumentation beginnt eigentlich immer mit dem schwächsten Argument und endet mit dem stärksten. Hieran erkennt man also, was für den Autor am wichtigsten ist.
- Auslassung bestimmter Aspekte eines Sachverhalts
- Ironisch-spöttische Darstellungsweise
  Diese ist häufig am schwierigsten zu erkennen und man muss kritisch fragen, meint der Autor wirklich alles so, wie er es sagt, oder meint er nicht vielleicht doch genau das Gegenteil! *Das hast du ja wirklich toll gemacht!*

TEST 1 Lesetechniken

1 Überfliege den Text und formuliere eine passende Überschrift.

Sagen sind zunächst mündlich weitergegebene kurze Erzählungen, die bereits aus der Frühzeit der Völker stammen. Die Menschen hatten von jeher das Bedürfnis, Naturereignisse zu erklären und historische Vorgänge festzuhalten und weiterzuvermitteln.

Sagen sind durch typische Merkmale charakterisiert. So geschehen in ihnen wie im Märchen wunderbare und phantastische Dinge. Sie nehmen oft auf ein reales vergangenes Geschehen oder eine landschaftliche Gegebenheit Bezug, zumindest erwecken sie den Anschein und liefern konkrete Angaben zu Ort, Zeit und historischen Personen. Das phantastische Geschehen soll durch Zeugnisse von Personen oder durch Spuren in der Landschaft oder an Gebäuden beglaubigt werden.

Sagen zeichnen sich durch ein einfaches Erzählschema aus, die Handlung ist einsträngig, das Geschehen konzentriert sich auf einen Helden oder eine feste Gruppe von Menschen.

nach: Sagen. Duden und paetec, Basiswissen Schule, Literatur. Mannheim und Berlin, 2007, S. 93f

2 Kreuze an, um welche Textart es sich handelt.

- ☐ informierender Sachtext
- ☐ argumentierender Sachtext

3 Untersuche den Aufbau des Textes und schreibe die Lösungen in dein Heft.

a) Finde zu jedem Absatz eine passende Teilüberschrift.

b) Fasse dann den wesentlichen Inhalt jedes Abschnittes in Stichpunkten zusammen.

4 Zu welchen Fragestellungen gibt der Text Antwort? Kreuze an.

- ☐ Wie wurden Sagen überliefert?
- ☐ Wann entstanden die ersten bedeutenden Sagensammlungen?
- ☐ Welche bekannten Persönlichkeiten haben Sagen gesammelt?
- ☐ Welche Merkmale haben Sagen?
- ☐ Wie sind Sagen aufgebaut?
- ☐ Welche verschiedenen Arten von Sagen gibt es?
- ☐ Welcher Unterschied besteht zwischen Sagen und Märchen?

TEST 2 Lesen unter einem bestimmten Gesichtspunkt

1 Lies den Text und entscheide, welche der gegebenen Überschriften die passendste ist.

- ☐ Über die Entstehung und Verbreitung von Sagen
- ☐ Die deutsche Märchenstraße
- ☐ Die Rolle der Sage in der Geschichte

Götter- und Heldensagen der Antike, wie z. B. die griechische Troja-Sage gehören zu den ältesten Sagentypen. Auch im deutschen Sprachraum entwickelte sich mit Herausbildung des Feudalismus die historische Sage oder Heldensage, wie zum Beispiel das Nibelungenlied und das Hildebrandslied. Im 18. Jahrhundert wurden die Wurzeln nationaler Identität von den Aufklärern und Romantikern vor allem auch in den literarischen Volksüberlieferungen wie Märchen, Legenden, Sagen, Volksliedern gesucht. In dieser Zeit entstanden die ersten bedeutenden Sagensammlungen der Brüder Jacob und Wilhelm Grimm und Ludwig Bechstein. Mit der Intention, nationales, volkstümliches Erzählgut zu bewahren, wurden in der Folgezeit Sagen in allen deutschen Regionen gesammelt und aufgezeichnet. In den Sagenaufzeichnungen des 19. Jahrhunderts, die das volkstümliche Erzählgut einzelner deutscher Regionen sammelten, spielt vor allem der Typ der Ortssage oder Natursage eine Rolle. Seit dem 19. Jahrhundert sind Sagen nahezu ausschließlich zur Lektüre von Kindern geworden. Generationen von Kindern sind mit Gustav Schwabs „Die schönsten Sagen des klassischen Altertums" (1838–1840) groß geworden. Nacherzählungen der Troja-Sage, „Das hölzerne Pferd" (1968), und des „Nibelungenliedes" (1971) für jugendliche Leser hat Franz Fühmann vorgelegt.

nach: Sagen. Duden und paetec, Basiswissen Schule, Literatur. Mannheim und Berlin, 2007, S. 93f

2 Suche aus dem Text die Antworten auf die folgenden Fragen heraus und markiere sie im Text mit unterschiedlichen Farben.

a) Welche verschiedenen Arten von Sagen gibt es?

b) Welche Informationen gibt der Text über die ersten bedeutenden Sagensammlungen?

c) Welche Neubearbeitungen von Sagen werden genannt?

TEST 3 Inhalt und Form

1 An diesem Text fällt dir sicherlich auf, dass er nicht in Absätze unterteilt und somit nicht sehr übersichtlich ist. Lies den Text genau und markiere die Stellen, an denen deiner Meinung nach ein Absatz gemacht werden sollte.

Steinau – die Stadt der Brüder Grimm

Die über 200 Grimm'schen Kinder- und Hausmärchen sind mittlerweile in 140 Sprachen übersetzt worden und so in aller Welt bekannt. Wer weiß jedoch schon, dass das Kindheitsschloss der Brüder Grimm in Steinau an der Straße steht? In dieser Stadt verbrachten nämlich die berühmten Märchensammler einen großen Teil ihrer Kindheit. Sie liebten ihr Heimatstädtchen Steinau „in der wiesenreichen, mit schönen Bergen umkränzten Gegend" sehr. Nicht weit vom Kindheitsschloss der Brüder Grimm befindet sich das ehemalige Wohnhaus der Familie, das besichtigt werden kann. Im Schloss selbst gibt es eine Brüder-Grimm-Gedenkstätte. Auf dem Marktplatz vor dem Rathaus, wo Jacob und Wilhelm Grimm als Kinder gerne spielten, wurde zu ihren Ehren 1985 ein Märchenbrunnen errichtet. Wer heute nach Steinau kommt, findet noch viele Plätze so vor, wie die Brüder Grimm sie gesehen und geliebt haben. Steinau hat sich sein Gesicht bewahrt und ist vor allem für alle Liebhaber von Märchen, ob jung oder alt, einen Besuch wert.

www.steinau.de/Grimms.html (18.7.2007)

2 Wo könnte man diesen Text finden? Kreuze an.

- ☐ Internetseite
- ☐ Gesetzestext
- ☐ Lexikon
- ☐ Reiseführer
- ☐ Zeitung/Zeitschrift
- ☐ Werbeplakat
- ☐ Informationsblatt des Tourismusverbandes

3 Fasse in deinem Heft knapp zusammen, mit welcher Absicht dieser Text deiner Meinung nach verfasst worden ist. Wähle dazu passende Verben aus der Wortliste aus und formuliere die Zusammenfassung mit ihrer Hilfe.

informieren ▪ appellieren ▪ aufrufen ▪ auffordern ▪ animieren ▪ werben

4 Mit welchen sprachlichen Mitteln wird ein positives Bild von der Stadt vermittelt? Unterstreiche die entsprechenden Wörter und Wortgruppen im Text.

TEST 4 Meinungen und Wertungen

1 Lies den folgenden Text genau und kreuze die zutreffenden Aussagen an:
Der Text ist ☐ informierend ☐ meinungsäußernd ☐ appellierend ☐ argumentierend

Das Ende der Märchen und Sagen

Kinder sitzen andächtig da und lauschen gespannt den Geschichten von Siegfried und Kriemhild oder ziehen in Gedanken aus mit einem, der das Fürchten lernen will. Das ist wohl schon lange vorbei. Die Kids von heute hören dröhnende Musik und begucken sich die bunten Bilder der Comics und Mangas. Aber alte Geschichten hören oder gar selber lesen? Das wäre ja noch schöner. Das ist bei der jungen Generation in höchstem Maße unbeliebt, denn es strengt zu sehr an. Ja, wenn sich jemand erbarmt und die altbekannte Story in einem Film voller Action und Gags präsentiert, dann sind auch die Jungen eher bereit, sich dafür zu interessieren.

Bleibt uns also in der Zukunft nur noch ein Märchenmix im Comedygewand und die Gruselmär der „Brothers Grimm" a la Hollywood.

Ist das das Aus für unser altes Märchen- und Sagengut?

Zu wünschen wäre, dass wieder mehr Menschen sich auf die einfachen, ursprünglichen Geschichten besinnen würden, die mit ihrer schlichten, poetischen Sprache die Phantasie anregen und aus denen man fürs Leben lernen kann.

2 Schreibe in dein Heft, wie der Autor die junge Generation bewertet? Welches Bild zeichnet er in seinen Behauptungen von den Jugendlichen?

3 Schreibe in dein Heft, welche Absicht der Autor mit seinem Text verfolgt. Unterstreiche auch die Stelle im Text, an der die Absicht direkt ausgesprochen wird.

Lösungen zu Test 1

1 Eine passende Überschrift muss so allgemein formuliert werden, dass sie alle Aspekte umfasst, die der Text berührt. Sie kann aus einem Wort, einer Wortgruppe oder auch einer Frage bestehen. Mögliche Überschriften sind zum Beispiel: Sagen oder Besonderheiten des Genres Sagen oder Was sind Sagen?

2 Die Textart ist in diesem Fall sehr eindeutig zu bestimmen.

☒ informierender Sachtext ☐ argumentierender Sachtext

3 a) Die Absätze könnten folgende Teilüberschriften haben.

1. Absatz: Entstehung von Sagen
2. Absatz: Allgemeine Merkmale von Sagen
3. Absatz: Aufbau von Sagen

b) Der Inhalt lässt sich z. B. folgendermaßen zusammenfassen:

Zu 1: kurze Erzählungen aus der Frühzeit der Völker; zunächst mündlich weitergegeben; zur Erklärung von Naturereignissen und Überlieferung von historischen Vorgängen

Zu 2: Auftreten von wunderbaren und phantastischen Dingen; Bezugnahme auf ein reales vergangenes Geschehen oder eine landschaftliche Gegebenheit zur Beglaubigung des phantastischen Geschehens; konkrete Angaben zu Ort, Zeit und historischen Personen

Zu 3: einfaches Erzählschema; einsträngige Handlung; Konzentration des Geschehens auf einen Helden oder eine Personengruppe

4 Zu folgenden angekreuzten Fragestellungen gibt der Text Antwort.

☒ Wie wurden Sagen überliefert?
☐ Wann entstanden die ersten bedeutenden Sagensammlungen?
☐ Welche bekannten Persönlichkeiten haben Sagen gesammelt?
☒ Welche Merkmale haben Sagen?
☒ Wie sind Sagen aufgebaut?
☐ Welche verschiedenen Arten von Sagen gibt es?
☐ Welcher Unterschied besteht zwischen Sagen und Märchen?

Lösungen zu Test 2

1 ☒ Die Rolle der Sage in der Geschichte

2 a) *Welche verschiedenen Arten von Sagen gibt es?*
b) *Welche Informationen gibt der Text über die ersten bedeutenden Sagensammlungen?*
c) *Welche Neubearbeitungen von Sagen werden genannt?*

Götter- und Heldensagen der Antike, wie z. B. die griechische Troja-Sage gehören zu den ältesten Sagentypen. Auch im deutschen Sprachraum entwickelte sich mit Herausbildung des Feudalismus die *historische Sage oder Heldensage*, wie zum Beispiel das Nibelungenlied und das Hildebrandslied.
Im 18. Jahrhundert wurden die Wurzeln nationaler Identität von den Aufklärern und Romantikern vor allem auch in den literarischen Volksüberlieferungen wie Märchen, Legenden, Sagen, Volksliedern *gesucht*. In dieser Zeit entstanden *die ersten bedeutenden Sagensammlungen der Brüder Jacob und Wilhelm Grimm und Ludwig Bechstein. Mit der Intention, nationales, volkstümliches Erzählgut zu bewahren*, wurden in der Folgezeit Sagen in allen deutschen Regionen gesammelt und aufgezeichnet. In den Sagenaufzeichnungen des 19. Jahrhunderts, die das volkstümliche Erzählgut einzelner deutscher Regionen sammelten, spielt vor allem der Typ der *Ortssage oder Natursage* eine Rolle.
Seit dem 19. Jahrhundert sind Sagen nahezu ausschließlich zur Lektüre von Kindern geworden. Generationen von Kindern sind mit *Gustav Schwabs „Die schönsten Sagen des klassischen Altertums" (1838–1840)* groß geworden. *Nacherzählungen der Troja-Sage, „Das hölzerne Pferd" (1968), und des „Nibelungenliedes" (1971)* für jugendliche Leser hat *Franz Fühmann* vorgelegt.

Lösungen zu Test 3

1 Der erste und zweite Abschnitt können auch als Sinneinheit aufgefasst werden.

Steinau – die Stadt der Brüder Grimm
Die über 200 Grimm'schen Kinder- und Hausmärchen sind mittlerweile in 140 Sprachen übersetzt worden und so in aller Welt bekannt. (Absatz)
Wer weiß jedoch schon, dass das Kindheitsschloss der Brüder Grimm in Steinau an der Straße steht? In dieser Stadt verbrachten nämlich die berühmten Märchensammler einen großen Teil ihrer Kindheit. Sie liebten ihr Heimatstädtchen Steinau „in der wiesenreichen, mit schönen Bergen umkränzten Gegend" sehr. (Absatz)
Nicht weit vom Kindheitsschloss der Brüder Grimm befindet sich das ehemalige Wohnhaus der Familie, das besichtigt werden kann. Im Schloss selbst gibt es eine Brüder-Grimm-Gedenkstätte. Auf dem Marktplatz vor dem Rathaus, wo Jacob und Wilhelm Grimm als Kinder gerne spielten, wurde zu ihren Ehren 1985 ein Märchenbrunnen errichtet. (Absatz)
Wer heute nach Steinau kommt, findet noch viele Plätze so vor, wie die Brüder Grimm sie gesehen und geliebt haben. Steinau hat sich sein Gesicht bewahrt und ist vor allem für alle Liebhaber von Märchen, ob jung oder alt, einen Besuch wert.

2 Ein Gesetzestext ist es nicht, weil die Thematik nicht dazu passt. Ein Lexikonartikel würde knapper und sachlicher sein. Bei Werbeplakaten wird meist auf langen Text verzichtet. Der Text könnte auf einer Internetseite (das hat dir sowieso die Quellenangabe verraten) stehen, in einer Zeitung, einer Zeitschrift, in einem Reiseführer oder auch im Informationsblatt des Tourismusverbandes.

3 Alle gegebenen Verben könnten für die Zusammenfassung verwendet werden, da sich mit ihnen die Aussageabsicht des Autors darstellen lässt.
Zum Beispiel kann man die Absicht des Textes wie folgt zusammenfassen:

Der Autor des Textes will einerseits über Besonderheiten des Ortes informieren und gleichzeitig die Leser interessieren und zu einem Besuch der Stadt animieren.

4 Siehe Unterstreichungen bei Aufgabe 1.

Lösungen zu Test 4

1 Der Text ist ☐ informierend ☒ meinungsäußernd ☒ appellierend ☐ argumentierend
Der Text enthält keine Informationen, sondern eine Reihe von Behauptungen. Diese werden aber nicht begründet und mit Argumenten belegt. → Seite 160, Kapitel 14

2 Der Autor zeichnet ein insgesamt negatives Bild von den Jugendlichen. Jugendliche hören laute Musik; anstatt zu lesen, schauen sie sich nur noch Bilder an; Lesen ist für sie zu anstrengend, allenfalls interessieren sie sich für Verfilmungen

3 Der Autor will aufrütteln und auf Missstände hinweisen. Zudem drückt er den Wunsch aus, dass wieder mehr Menschen zum Lesen der alten Geschichten zurückfinden. („Zu wünschen wäre, dass wieder mehr Menschen sich auf die einfachen, ursprünglichen Geschichten besinnen würden …“)
Im letzten Abschnitt des Textes wird deutlich, was der Autor fordert.

8 Inhaltsangabe

1 Inhalt

Eine Inhaltsangabe zu einem literarischen Text gibt sachlich, genau und möglichst kurz den Hauptinhalt in eigenen Worten zusammenfassend wieder. Dabei geht man auf Distanz zur Geschichte, indem man eine neutrale Perspektive einnimmt.
Voraussetzung für die Abfassung einer Inhaltsangabe ist es, den literarischen Text verstanden zu haben.

2 Gliederung

Eine Inhaltsangabe ist in Einleitung, Hauptteil und Schluss gegliedert.

Die **Einleitung** enthält:

- den Namen des Verfassers,
- den Titel des Textes,
- die Textart,
- den Handlungsort,
- die Handlungszeit und
- eine Zusammenfassung des Handlungsgeschehens in möglichst einem Satz.

Im **Hauptteil** wird der Inhalt in der chronologischen Abfolge des Textes wiedergegeben. Beschränke dich auf das Wesentliche, d. h. stelle kurz die wichtigsten Personen vor und nenne die Hauptschauplätze. Lasse überflüssige und nebensächliche Details weg. Damit der Leser rasch begreift, worum es geht, fasse die wichtigsten Abschnitte der Handlung zusammen. Ordne diese zeitlich oder nach Grund und Folge.

Der **Schluss** enthält Aussagen zur Autorenabsicht, zur sprachlichen und stilistischen Gestaltung des Textes sowie ein eigenes kurzes Urteil (Wie hat mir der Text gefallen?).

3 Form

Im literarischen Text enthaltene direkte Rede wird in der Inhaltsangabe in indirekter Rede wiedergegeben (→ Vergleiche Seite 40, Nr. 7).
Eine Inhaltsangabe wird im Präsens oder Perfekt abgefasst, da der Inhalt zeitlos gültig wiedergegeben werden soll.

4 Stil

In der Inhaltsangabe sollten vor allem Verben, die die Handlungsvorgänge zusammenfassen, sowie treffende Substantive und Adjektive verwendet werden.
Es müssen knappe, einfache Satzreihen und Satzgefüge gebildet werden.
Der Stil einer Inhaltsangabe ist sachlich und distanziert, d. h. jede Gefühlsäußerung muss vermieden werden, es ist keine Nacherzählung.
Man berichtet mit Überblick über den Zusammenhang der Handlung.
Der Handlungsträger wird nur in der dritten Person genannt, unnötige Wiederholungen müssen vermieden werden.
Jegliche Form von „Telegrammstil", also die Verwendung unvollständiger Sätze, widerspricht dem Stil einer Inhaltsangabe.

5 Unterschiede zur Nacherzählung

Häufig verwechselt man eine Inhaltsangabe mit einer Nacherzählung.
Die Unterschiede sind jedoch eindeutig.
Beim Nacherzählen bleibt man nah bei der Geschichte und übernimmt deren Perspektive und Aufbau. Man erzählt im Präteritum, gebraucht die direkte Rede und gibt viele Einzelheiten wieder.

6 Vorbereitungen

Auf das Verfassen einer Inhaltsangabe kann man sich vorbereiten:
Zunächst verschafft man sich einen Überblick über die gesamte Handlung, indem man die wichtigsten Handlungsschritte aufschreibt.
Hilfreich ist eine Stichwortskizze. Man macht sich Stichpunkte zum Beispiel zu folgenden Kriterien:

- Thema und Hintergrund der Geschichte (auch eventuelle historische Bezüge)
- Im Text auftretende Hauptpersonen
- Stationen der Handlung (chronologisch oder nach Grund – Folge geordnet) und auftretende Probleme
- Schluss und Ergebnis (Wie endet das Geschehen, mit welchem Ergebnis?)
- Besonderheit in der Gestaltung (stilistische Auffälligkeiten wie eine Rahmung)

TEST 1 Erste Schritte und Fehlertexte

1 Lies den folgenden Text mehrfach.

2 Gliedere die Kalendergeschichte zunächst in einzelne Abschnitte. Schreib in dein Heft, von welcher Zeile bis zu welcher Zeile die Abschnitte gehen, und formuliere eine kurze Überschrift für jeden Abschnitt. Achtung: Es ist wichtig, den Text zuerst mehrmals zu lesen, um erst dann (mit mehr Überblick) die Aufgabe zu lösen

Johann Peter Hebel: Der Husar in Neiße

Als im Anfang der französischen Revolution die Preußen mit den Franzosen Krieg führten und durch die Provinz Champagne zogen, dachten sie nicht daran, dass sich das Blättlein wenden könnte und dass der Franzos noch im Jahr 1806 nach Preußen kommen und den ungebetenen Besuch wettmachen werde. Denn nicht jeder führte sich auf, wie es einem braven Soldaten in Feindesland wohl ansteht. Unter andern drang damals ein brauner preußischer Husar, der ein böser Mensch war, in das Haus eines friedlichen Mannes ein, nahm all sein bares Geld, so viel war, und viel Geldeswert, zuletzt auch noch das schöne Bett mit nagelneuem Überzug und mißhandelte Mann und Frau. Ein Knabe von acht Jahren bat ihn kniend, er möchte doch seinen Eltern nur das Bett wiedergeben. Der Husar stößt ihn unbarmherzig von sich. Die Tochter läuft ihm nach, hält ihn am Dolman fest und fleht um Barmherzigkeit. Er nimmt sie und wirft sie in den Sodbrunnen, so im Hofe steht, und rettet seinen Raub. Nach Jahr und Tagen bekommt er seinen Abschied, setzt sich in der Stadt Neiße in Schlesien, denkt nimmer daran, was er einmal verübt hat, und meint, es sei schon lange Gras darüber gewachsen. Allein, was geschieht im Jahr 1806? Die Franzosen rücken in Neiße ein; ein junger Sergeant wird abends einquartiert bei einer braven Frau, die ihm wohl aufwartet. Der Sergeant ist auch brav, führt sich ordentlich auf und scheint guter Dinge zu sein. Den andern Morgen kommt der Sergeant nicht zum Frühstück. Die Frau denkt: Er wird noch schlafen, und stellt ihm den Kaffee ins Ofenrohr. Als er noch immer nicht kommen wollte, ging sie endlich in das Stüblein hinauf, macht leise die Türe auf und will sehen, ob ihm etwas fehlt.

Da saß der junge Mann wach und aufgerichtet im Bette, hatte die Hände ineinander gelegt und seufzte, als wenn ihm ein groß Unglück begegnet wäre, oder als wenn er das Heimweh hätte oder so etwas, und sah nicht, daß jemand in der Stube ist. Die Frau aber ging leise auf ihn zu und fragte ihn: „Was ist Euch begegnet, Herr Sergeant, und warum seid Ihr so traurig?" Da sah sie der Mann mit einem

Blick voll Tränen an und sagte, die Überzüge dieses Bettes, in dem er heute Nacht geschlafen habe, haben vor 18 Jahren seinen Eltern in Champagne angehört, die in der Plünderung alles verloren haben und zu armen Leuten geworden seien, und jetzt denke er an alles und sein Herz sei voll Tränen. Denn es war der Sohn des geplünderten Mannes in Champagne und kannte die Überzüge noch, und die roten Namensbuchstaben, womit sie die Mutter gezeichnet hatte, waren ja auch noch daran. Da erschrak die gute Frau und sagte, daß sie dieses Bettzeug von einem braunen Husaren gekauft habe, der hier in Neiße lebe, und sie könne nichts dafür. Da stand der Franzose auf und ließ sich in das Haus des Husaren führen und kannte ihn wieder.

„Denkt Ihr noch daran", sagte er zu dem Husaren, „wie Ihr vor 18 Jahren einem unschuldigen Mann in Champagne Hab und Gut und zuletzt auch noch das Bett aus dem Hause getragen habt, und habt keine Barmherzigkeit gehabt, als Euch ein achtjähriger Knabe um Schonung anflehte, und an meine Schwester?" Anfänglich wollte der alte Sünder sich entschuldigen, es gehe bekanntlich im Kriege nicht alles, wie es soll, und was der eine liegen lasse, hole doch ein anderer, und lieber nimmt man's selber. Als er aber merkte, daß der Sergeant der nämliche sei, dessen Eltern er geplündert und mißhandelt hatte, und als er ihn an seine Schwester erinnerte, versagte ihm vor Gewissensangst und Schrecken die Stimme, und er fiel vor dem Franzosen auf die zitternden Knie nieder und konnte nichts mehr herausbringen als: „Pardon!" dachte aber: Es wird nicht viel helfen.

Der geneigte Leser denkt vielleicht auch: „Jetzt wird der Franzos den Husaren zusammenhauen", und freut sich schon darauf. Allein das könnte mit der Wahrheit nicht bestehen. Denn wenn das Herz bewegt ist und vor Schmerz fast brechen will, mag der Mensch keine Rache nehmen. Da ist ihm die Rache zu klein und verächtlich, sondern er denkt: Wir sind in Gottes Hand, und will nicht Böses mit Bösem vergelten. So dachte der Franzose auch und sagte: „Daß du mich mißhandelst hast, das verzeihe ich dir. Daß du meine Eltern mißhandelt und zu armen Leuten gemacht hast, das werden dir meine Eltern verzeihen. Daß du meine Schwester in den Brunnen geworfen hast, und ist nimmer davongekommen, das verzeihe dir Gott!" – Mit diesen Worten ging er fort, ohne dem Husaren das Geringste zuleide zu tun, und es ward ihm in seinem Herzen wieder wohl. Dem Husaren aber war es nachher zumut, als wenn er vor dem jüngsten Gericht gestanden wäre und hätte keinen guten Bescheid bekommen. Denn er hatte von dieser Zeit an keine ruhige Stunde mehr und soll nach einem Vierteljahr gestorben sein.

Merke: Man muß in der Fremde nichts tun, worüber man sich daheim nicht darf finden lassen. Merke: Es gibt Untaten, über welche kein Gras wächst.

Johann Peter Hebel: Schatzkästlein des rheinischen Hausfreundes. Reclam 1999 (in alter Rechtschreibung)

3 Fertige zur Kalendergeschichte „Der Husar in Neiße“ im Heft eine Stichwortskizze an zu den Fragestellungen:

- Thema und Hintergrund der Geschichte
- Personen, Stationen und Probleme der Handlung
- Schluss, Ergebnis
- Besonderheiten in der Gestaltung

Schreibe in einer Tabelle links die Fragestellungen und rechts deine Stichwortsammlung.

4 Lies die folgenden beiden Schülerarbeiten. Notiere in deinem Heft (mit Zeilenangabe), was entsprechend deiner Stichwortskizze aus Test 1 in den Schülerarbeiten fehlt bzw. was unnötig für eine Inhaltsangabe ist.

Schülerarbeit A

Die Kalendergeschichte „Der Husar in Neiße“ ist von Johann Peter Hebel. Sie spielt am Anfang des 19. Jahrhunderts und handelt von einem Jungen, dessen Familie von einem Husaren ausgeraubt worden war.

Als am Anfang der französischen Revolution die Preußen mit den Franzosen Krieg führen und durch die Provinz Champagne ziehen, dringt ein brauner, böser, preußischer Husar in das Haus eines friedlichen Mannes ein und nimmt ihm all sein bares Geld. Zuletzt stiehlt er auch noch das Bett mit dem neuen Überzug und misshandelt Mann und Frau. Ein achtjähriger Knabe bittet ihn knieend, er möchte seinen Eltern doch nur das Bett wiedergeben. Der Husar stößt ihn kalt ab. Die Tochter läuft ihm nach, hält ihn am Dolman fest und fleht um Barmherzigkeit. Er nimmt sie, wirft sie in den Sodbrunnen, der im Hof steht und rettet seine Beute. Nach etwa einem Jahr zieht er nach Neiße und verkauft das Bettzeug einer Frau. Als die Franzosen in Neiße einrücken, wird ein junger Sergeant bei der Frau einquartiert. Als er am nächsten Morgen lange nicht kommt, geht sie zu ihm ins Zimmer und sieht ihn schluchzend auf dem Bett hocken. Auf ihre Frage, was denn sei, antwortet er, dass seine Eltern vor 18 Jahren von einem Husaren ausgeraubt worden waren. Dieser Husar habe auch ein Bett mitgenommen, in eben diesem hat er heute geschlafen. Die Frau sagt, dass sie unschuldig sei und sagt dem Sergeant, wo der Husar wohnt. Er geht zu ihm und stellt ihn zur Rede. Als der Husar merkt, wer ihn da „ausschimpfen“ will, fällt er auf die Knie und bittet um Verzeihung. Der Sergeant ist von Trauer geplagt, deshalb tut er dem Husaren nichts an. Doch das, was er sagt, lässt dem Husaren keine ruhige Stunde mehr, so dass er nach einem Vierteljahr stirbt. Der Sergant sagt, dass er ihm die Misshand-

lung, die ihm zugeführt wurde, verzeiht, die seiner Eltern werden sie ihm verzeihen – aber den Tod seiner Schwester kann nur Gott ihm verzeihen.
Der Autor will mit dieser Geschichte ausdrücken, wie schwer man Dinge, die einem geschehen sind, vergessen kann.
Mir gefällt die Erzählung nicht, weil sie so schwer verständlich ist.

Schülerarbeit B
Die Kurzgeschichte „Der Husar in Neiße“ ist von Johann Peter Hebel. Sie spielt in der Vergangenheit in Neiße. In dem Text geht es um Krieg und was im Krieg und danach geschehen ist.
In der Geschichte hat ein Husar einer Familie Unrecht getan. 18 Jahre später ist ein junger Mann bei einer Frau. In dem Bett, auf dem er schläft, haben vor 18 Jahren seine Eltern geschlafen. Er fragt die Frau nach dem Bett und sie zeigt dem jungen Mann das Haus des Husaren. Er stellt den Husaren zur Rede. Darauf hat der Husar so ein schlechtes Gewissen, dass er nach einem Vierteljahr stirbt.
Der Autor wollte mit dieser Geschichte zeigen, dass man sich genau überlegen sollte, ob man anderen Leuten Leid zufügt.
Ich finde diese Geschichte gut, sie ist interessant und gut geschrieben.

5 Vergleiche die folgenden Sätze hinsichtlich der Merkmale einer Inhaltsangabe. Was fällt dir auf?

a) Der Sergant sagt: „Dass du meine Schwester getötet hast, das verzeihe dir Gott.“

b) Der Sergant entgegnet dem Husaren, dass den Mord an seiner Schwester nur Gott verzeihen könne.

6 Schätze nun zusammenfassend die Schülerarbeiten hinsichtlich der Aufgabenstellung, eine Inhaltsangabe zu verfassen, ein. Schreibe deine Lösung ins Heft.

Nun kannst du anhand kleinerer Texte aus deinem Lesebuch das Abfassen einer Inhaltsangabe weiter üben.

TEST 2 Abfassen einer Inhaltsangabe

1 Lies dir noch einmal die Kalendergeschichte „Der Husar in Neiße“ durch. Fülle nun zunächst für die Einleitung der Inhaltsangabe die folgende Tabelle aus.

Kriterium	Notizen
Name des Verfassers	
Titel des Textes Textart Handlungszeit	
Zusammenfassung des Handlungsgeschehens in möglichst einem Satz	

2 Schreibe mithilfe der Tabelle die Einleitung der Inhaltsangabe.

3 Nimm deine Stichwortskizze aus Test 1 zur Hand und formuliere den Hauptteil der Inhaltsangabe in dein Heft.

4 Verfasse den Schluss.

Überprüfe:
- Ist das Wesentliche enthalten?
- Ist die Reihenfolge der Handlung eingehalten worden
- Wurde direkte in indirekte Rede umgeformt?

Lösungen zu Test 1

2 Hier findest du eine Möglichkeit zur Gliederung des Textes.

Abschnitt	Zeilen	Überschriften für die Abschnitte
1	2 – 6	Einleitung
2	7 – 16	Ein preußischer Husar plündert und misshandelt eine französische Familie.
3	16 – 20	1806 besetzt die französische Armee Teile Preußens.
4	20 – 37	Der Sohn der geplünderten französischen Familie erkennt das geraubte Bettzeug in Neiße wieder.
5	37 – 63	Der Sohn stellt den ehemaligen preußischen Husaren zur Rede.
6	64 – 65	Lehre

3

Kriterien	Stichpunkte
Thema und Hintergrund	Schuld und Sühne; Krieg Preußens gegen Frankreich in der Französischen Revolution und Krieg Frankreichs gegen Preußen 1806
Personen, Stationen und Probleme	Preußischer Husar und französischer Sergant • Preußischer Husar hat im Krieg unschuldige französische Familie ausgeraubt, Eltern und Sohn misshandelt, Tochter getötet • 1806 ist der Sohn als französischer Soldat in Neiße • er erkennt das Bettzeug, findet den Husaren und stellt ihn zur Rede – Husar fleht um Erbarmen
Schluss, Ergebnis	• Sergant nimmt keine Rache, Husar wird vom schlechten Gewissen gequält, stirbt nach drei Monaten
Besonderheit in der Gestaltung	Kalendergeschichte; am Schluss wird eine Lehre formuliert

4 Hier findest du die wichtigsten Fehler.

Text A	Bemerkungen
Zeile 2/3	Falsches Thema
Zeile 5 – 11	Keine Zusammenfassung, eher eine Nacherzählung
Zeile 13	1806 als wichtige Zahl vergessen
Zeile 14/15	Unwichtig für eine Inhaltsangabe
Zeile 19 – 21	Unpassende Wortwahl und inhaltlich falsch
Zeile 21 – 22	Falsche Darstellung
Zeile 22 – 25	Falsche Reihenfolge
Zeile 26/27	Lehre nicht richtig erkannt
Zeile 28	Unpassender Schlusssatz, enthält keine Aussage

Text B	Bemerkungen
Zeile 1	Falsch, es ist eine Kalendergeschichte
Zeile 2/3	Thema falsch genannt
Zeile 4 – 8	Sehr starke Verkürzung, so dass der Inhalt unverständlich bleibt
Zeile 9/10	Lehre nicht richtig erkannt
Zeile 11	Unpassender Schlusssatz, enthält keine Aussage

5 In der Inhaltsangabe wird keine direkte Rede verwendet. Deshalb ist Satz a) unpassend für eine Inhaltsangabe. In Satz b) wird die Rede des Serganten indirekt wiedergegeben, das entspricht den Regeln für das Abfassen einer Inhaltsangabe.

6 Text A enthält viele Nebensächlichkeiten. Die Reihenfolge der Ereignisse ist nicht durchgehend nachvollziehbar. Die für eine Inhaltsangabe wichtige Distanz des Schreibers zur Geschichte wird nicht konsequent gewahrt. Einzelne Passagen erinnern an eine Nacherzählung.

Text B ist sehr kurz. Der Inhalt der Kalendergeschichte wird so verknappt dargestellt, dass für den Leser die Zusammenhänge nicht zu erschließen sind.

Lösungen zu Test 2

1 Die Tabelle kann ausgefüllt folgendermaßen aussehen.

Name des Verfassers	Johann Peter Hebel
Titel des Textes	Der Husar in Neiße
Textart	Kalendergeschichte
Handlungszeit	In der Zeit der französischen Revolution / 1806
Zusammenfassung des Handlungsgeschehens in möglichst einem Satz	Ein preußischer Husar wird von seinen bösen Taten eingeholt.

2 Hier findest du ein Beispiel für die Einleitung der Inhaltsangabe.

Die Kalendergeschichte „Der Husar in Neiße" von Johann Peter Hebel spielt zu Beginn der französischen Revolution in der französischen Provinz Champagne und 1806 in der schlesischen Stadt Neiße. Ein preußischer Husar plündert und mordet in Frankreich und wird 18 Jahre später für seine Straftaten zur Rechenschaft gezogen.

3 Natürlich sind hier viele verschiedene Lösungen möglich. Hier findest du den Anfang einer solchen Inhaltsangabe. Eine vollständige Musterlösung findest du auf der CD.

Als die Preußen zu Beginn der Französischen Revolution die Champagne besetzten, plündert ein Husar eine vierköpfige Familie aus. Nachdem er die Erwachsenen misshandelt hat, will er zu den anderen Wertsachen ihnen auch noch das Bett samt neuem Überzug rauben. Die Kinder flehen ihn an, ihnen doch wenigstens das Bett zu lassen, worauf er den Knaben wegstößt, die Tochter tötet und anschließend mit seiner Beute abzieht. Nachdem der Husar aus der Armee ausgeschieden ist, setzt er sich in der schlesischen Stadt Neiße zur Ruhe. ...

4 Hier ein Beispiel für den Schluss.

Johann Peter Hebel verdeutlicht mit seiner Kalendergeschichte, dass Gleiches nicht mit Gleichem vergolten werden muss und jeden Straftäter doch irgendwie und irgendwann seine gerechte Strafe ereilt.

9 Analyse literarischer Texte

1 Merkmale literarischer Texte

Jeder Text enthält eine Mitteilung. Dabei gibt es Texte, die leicht oder auch schwer verständlich sind. Manchmal genügt ein flüchtiges Lesen, um die Information zu entnehmen.
Bei literarischen Texten ist das anders. Das Geschriebene muss in den meisten Fällen mehr als einmal gelesen werden, um den Sinn zu erfassen.
Literarische Texte sind fiktional, das heißt, sie sind das Produkt der Phantasie und Kreativität eines Schriftstellers. Deswegen gibt es – je nach persönlichen Kenntnissen, Erfahrungen, Wünschen usw. – häufig unterschiedliche Ansichten über die Aussage eines literarischen Textes.
Wesentlich für das Verständnis eines literarischen Textes ist es deshalb, ihn entschlüsseln zu können. Dazu benötigt man Kenntnisse über Inhalts- und Formmerkmale.

2 Einteilung

Literarische Texte werden in drei Gattungen eingeteilt. Dies sind:
- Epik (oder Prosa),
- Dramatik und
- Lyrik.

3 Lyrische Texte (Lyrik)

Zur Lyrik gehören kürzere literarische Texte in einer besonders gestalteten Form. In ihnen wird eine Aussage in poetischer Bildsprache verschlüsselt. Die Form lyrischer Texte ist gekennzeichnet durch Strophe, Reim, Versmaß und Rhythmus.
Textsorten der Lyrik sind beispielsweise das *Gedicht*, die *Ballade*, das *Sonett*, die *Hymne* und das *Lied*. → Seite 110, Kapitel 10

4 Dramatische Texte (Dramatik)

Drama ist der Oberbegriff für Theaterstücke, die von Schauspielern auf einer Bühne vor Zuschauern aufgeführt werden.
Der Text eines Dramas ist nicht in fortlaufender Prosa geschrieben, sondern in einzelne Sprecherrollen eingeteilt. Dazu kommen noch Regieanweisungen, das

sind Hinweise für die Darstellung auf der Bühne. Dramen sind in den meisten Fällen in größere **Handlungsabschnitte** – die Akte oder Aufzüge – eingeteilt. Diese setzen sich aus mehreren Szenen oder Auftritten zusammen. Textsorten der Dramatik sind vor allem das Drama (*Tragödie*, *Komödie* und *Farce*). Aber auch *Hörspiel* und *Fernsehspiel* gehören zur Dramatik.

In der Alltagssprache sagt man mitunter „Das ist aber ein Drama“ und meint damit etwa ein schreckliches Ereignis. Ein Drama (= Theaterstück) ist jedoch eine inhaltlich neutrale Bezeichnung. Sowohl Tragödie als auch Komödie sind Dramen.

5 Epische Texte (Epik)

Zur Epik gehören sämtliche **erzählenden Texte**. In der Epik unterscheidet man viele Textsorten. Die bekanntesten sind der *Roman*, die *Erzählung*, die *Kurzgeschichte* und die *Fabel*. Aber auch *Novelle*, *Satire*, *Parabel*, *Anekdote*, *Kalendergeschichte* und *Schwank* sind epische Textsorten.

6 Epische Textsorten

An dieser Stelle sollen drei wichtige epischen Textsorten dargestellt werden.

Kurzgeschichte

Die Kurzgeschichte ist eine knappe, meist auf eine kurze Zeitspanne und auf einen Ort begrenzte Erzählung. Schlaglichtartig wird ein entscheidender Augenblick, eine wesentliche Situation im Leben eines Menschen beleuchtet. Dabei weist die Kurzgeschichte in der Regel vor allem folgende Merkmale auf:

- geradliniger, linearer Aufbau; Höhepunkt fällt mit dem Schluss zusammen
- Beschränkung auf wenige Personen, die meist anonym bleiben
- offener Anfang (d. h. keine Einleitung) und offener Schluss (keine abschließende Lösung)
- wenig äußere Handlung, einfache Sprache

Kalendergeschichte

Kalendergeschichten sind kurze Erzählungen, die ursprünglich in Kalendern abgedruckt wurden. Sie sind unterhaltsam und enthalten eine Lehre. Im Schlusssatz formuliert der Autor meist eine allgemeine Lebensweisheit.

Fabel

Die Fabel ist eine kurze Erzählung, in der eine moralische Lehre oder Kritik an den Zeitverhältnissen vermittelt wird. Tiere oder Gegenstände verkörpern menschliche Eigenschaften. Dabei stehen sich fast immer zwei gegensätzliche Positionen gegenüber (z. B. der schlaue Fuchs und der dumme Esel).

7 Analyse epischer Texte

Um einen epischen Text zu erschließen, sollte man folgende Arbeitsschritte durchführen:

1. Gründliches, mehrmaliges Lesen des Textes
2. Einteilen des Textes in Sinnabschnitte, um die innere Struktur des Textes zu erkennen
3. Figurenkonstellation analysieren, d.h. wer ist / sind die Hauptfiguren und in welchem Verhältnis stehen diese zueinander?
4. Inhalt des Textes erfassen
5. Feststellen, zu welcher Textsorte der Text gehört
6. Kennzeichnen auffälliger Textstellen (z. B. Wortwiederholungen, bestimmte Bilder, auffällige Wortwahl)
7. Eine erste Deutung des Textes vornehmen, d. h. was soll der Text aussagen?

8 Wichtige erzählerische und stilistische Mittel

Erzählperspektive

Darunter versteht man den Blickwinkel oder Standpunkt, von dem aus eine Geschichte erzählt wird. Dabei unterscheidet man folgende drei Perspektiven:
1. Ich-Erzähler: Der Erzähler (nicht zu verwechseln mit dem Autor) erzählt aus der Perspektive einer an der Handlung beteiligten Figur in der Ich-Form.
2. Personaler Erzähler (auch: Er-Erzähler): Der Erzähler erzählt aus der Perspektive einer an der Handlung beteiligten Figur in der Er-Form.
3. Auktorialer Erzähler: Der Erzähler erzählt die Geschichte aus einer Perspektive, von der aus er die handelnden Figuren beobachten und zum Teil ihre inneren Motive beurteilen kann.

Stilistische Mittel

Um einen literarischen Text analysieren und interpretieren zu können, muss man auch wesentliche stilistische Mittel kennen.

Metapher: Bedeutungsübertragung, d. h. die Bedeutung eines Wortes wird auf einen anderen Sachverhalt übertragen.
Talsohle – Bedeutungsübertragung von Sohle = unterer Abschluss
Personifikation: Gegenstände werden belebt dargestellt.
Die Fenster schauten auf ihn herab – schauen = Tätigkeit eines Lebewesens
Vergleich: Eine Eigenschaft wird dadurch besonders hervorgehoben, dass sie vergleichend in Beziehung mit einem anderen Ding, Wesen oder Sachverhalt gesetzt wird.
Sie verteidigte ihr Kind wie eine Löwin ihr Junges.
Hyperbel: Ein Sachverhalt oder eine Eigenschaft wird übertrieben dargestellt.
Er war nur noch Haut und Knochen.
Anapher: Wiederholung eines Wortes oder einer Wortgruppe am Anfang aufeinanderfolgender Sätze.
Morgen werde ich mich in der Schule anstrengen. Morgen werde ich aktiv im Unterricht mitarbeiten. Morgen wird alles anders.
Ellipse: Auslassung eines Satzteils, der zum Verständnis nicht unbedingt notwendig ist.
Je schneller, desto besser.
Euphemismus: Beschönigende Umschreibung eines unangenehmen Sachverhalts.
Das Zeitliche segnen für *sterben*
Rhetorische Frage: Frage, auf die keine Antwort erwartet wird.
Wer glaubt denn das noch?

9 Interpretation epischer Texte

Wenn man einen literarischen Text interpretiert, dann heißt das, dass ein Bezug zwischen dem Inhalt und den analysierten Formmerkmalen hergestellt wird. Das heißt, man beantwortet die folgende Frage: *Wie* (Form) hat der Autor *was* (Inhalt) dargestellt und in *welcher Wirkungsabsicht*? Dazu ist es notwendig, Besonderheiten des Textes zu „entdecken" und miteinander in Beziehung zu setzen.

TEST 1 Fabel

1 Lies den Text mehrmals und notiere im Heft erste Auffälligkeiten zu Inhalt und Form.

Der Rabe und der Fuchs (nach Martin Luther)

Ein Rabe hatte einen Käse gestohlen. Er setzte sich auf einen hohen Baum und wollte ihn verzehren. Da er aber seiner Art nach gerne prahlt, hörte ihn ein Fuchs über den Käse laut krächzen. Da kam der Fuchs gelaufen und sprach zum Raben: „O Rabe, ich habe in meinem Leben keinen schöneren Vogel gesehen von Feder und Gestalt als dich. Wenn du auch so eine schöne Stimme hättest, so sollte man dich zum König krönen über alle Vögel.“

Dem Raben gefielen die Schmeicheleien des Fuchses, so fing er an zu singen. Aber als er den Schnabel aufmachte, fiel der Käse herunter. Der Fuchs fraß den Käse und lachte über die Dummheit des Raben.

aus: Reinhard Dithmar (Hrsg.): Luthers Fabeln und Sprichwörter. Wissenschaftliche Buchgesellschaft, 1995

2 Schreibe die Merkmale der **Fabel** in dein Heft und dazu jeweils, ob und wie diese Merkmale konkret in „Der Rabe und der Fuchs“ zu finden sind. (→ Seite 92, Nr. 6)

3 Untersuche die Figurenkonstellation (Hefteintrag)!

4 Fasse nun den Inhalt der Geschichte in einem Text von etwa 5 Sätzen in deinem Heft zusammen. (→ Seite 81, Kapitel 8)!

5 Untersuche Satzbau und Wortwahl! Was fällt dir auf?

6 Notiere eine erste Deutung des Textes in maximal zwei Sätzen!

TEST 2 Kalendergeschichte

1 Lies den Text mehrmals un d notiere am Rand erste Auffälligkeiten zu Inhalt und Form.

Johann Peter Hebel

Das wohlfeile Mittagessen

Es ist ein altes Sprichwort: „Wer andern eine Grube gräbt, fällt selber darein." – Aber der Löwenwirt in einem gewissen Städtlein war schon vorher darin. Zu diesem kam ein wohlgekleideter Gast. Kurz und trotzig forderte er ein Stück Rindfleisch und ein Gemüse – für sein Geld. Der Wirt fragte ganz höflich ob ihm nicht auch ein Glas Wein beliebe? „O freilich ja!", erwiderte der Gast, „wenn ich etwas Gutes haben kann für mein Geld."

Nachdem er sich alles hatte wohl schmecken lassen, zog er einen abgeschliffenen Sechser aus der Tasche und sagte: „Hier, Herr Wirt, ist mein Geld." Der Wirt sagte: „Was soll das heißen? Seid Ihr mir nicht einen Taler schuldig?" Der Gast erwiderte: „Ich habe für keinen Taler Speise von Euch verlangt, sondern für – mein Geld. Hier ist mein Geld. Mehr hab ich nicht. Habt Ihr mir zu viel dafür gegeben, so ist's Eure Schuld."

Dieser Einfall war eigentlich nicht weit her. Es gehörte nur Unverschämtheit dazu und ein unbekümmertes Gemüt, wie es am Ende ablaufen werde. Aber das Beste kommt noch.

„Ihr seid ein durchtriebener Schalk", erwiderte der Wirt, „und hättet wohl etwas anderes verdient. Aber ich schenke Euch das Mittagessen und hier noch ein Vierundzwanzigkreuzer-Stück dazu. Nur seid stille zur Sache und geht zu meinem Nachbarn, dem Bärenwirt, und macht es ihm ebenso."

Das sagte er, weil er mit seinem Nachbarn, dem Bärenwirt, aus Brotneid in Unfrieden lebte und einer dem andern jeglichen Tort und Schimpf gerne antat und erwiderte. Aber der schlaue Gast griff lächelnd mit der einen Hand nach dem angebotenen Geld, mit der andern vorsichtig nach der Türe, wünschte dem Wirt einen guten Abend und sagte: „Bei Eurem Nachbarn, dem Herrn Bärenwirt, bin ich schon gewesen. Und eben der hat mich zu euch geschickt und kein anderer."

So waren im Grunde Beide hintergangen – und der Dritte hatte den Nutzen davon. Aber der listige Kunde hätte sich noch obendrein einen schönen Dank von Beiden verdient, wenn sie eine gute Lehre daraus gezogen und sich miteinander ausgesöhnt hätten. Denn Frieden ernährt, aber Unfrieden verzehrt.

Johann Peter Hebel: Schatzkästlein des rheinischen Hausfreundes. Reclam 1999

2 Schreibe die Merkmale der **Kalendergeschichte** in dein Heft und darunter oder daneben jeweils, ob und wie diese Merkmale konkret in „Das wohlfeile Mittagessen" zu finden sind. (→ Seite 92, Nr. 6)

3 Teile den Text in Sinnabschnitte ein und untersuche die Figurenkonstellation (Hefteintrag!)

4 Bestimme die Erzählperspektive!

5 Untersuche Satzbau und Wortwahl! Was fällt dir auf? Antworte ausführlich im Heft.

6 Notiere eine erste Deutung des Textes in maximal zwei Sätzen!

TEST 3 Kurzgeschichte

1 Lies den folgenden literarischen Text mehrfach und notiere erste Auffälligkeiten am Rand.

Wolfgang Borchert

Nachts schlafen die Ratten doch

Das hohle Fenster in der vereinsamten Mauer gähnte blaurot voll früher Abendsonne. Staubgewölke flimmerte zwischen den steilgereckten Schornsteinresten. Die Schuttwüste döste. Er hatte die Augen zu. Mit einmal wurde es noch dunkler. Er merkte, daß jemand gekommen war und nun vor ihm stand, dunkel, leise. Jetzt haben sie mich! dachte er. Aber als er ein bißchen blinzelte, sah er nur zwei etwas ärmlich behoste Beine. Die standen ziemlich krumm vor ihm, daß er zwischen ihnen hindurchsehen konnte. Er riskierte ein kleines Geblinzel an den Hosenbeinen hoch und erkannte einen älteren Mann. Der hatte ein Messer und einen Korb in der Hand. Und etwas Erde an den Fingerspitzen.

Du schläfst hier wohl, was? fragte der Mann und sah von oben auf das Haargestrüpp herunter. Jürgen blinzelte zwischen den Beinen des Mannes hindurch in die Sonne und sagte: Nein, ich schlafe nicht. Ich muß hier aufpassen. Der Mann nickte: So, dafür hast du wohl den großen Stock da?

Ja, antwortete Jürgen mutig und hielt den Stock fest.

Worauf paßt du denn auf?

Das kann ich nicht sagen. Er hielt die Hände fest um den Stock.

Wohl auf Geld, was? Der Mann setzte den Korb ab und wischte das Messer an seinen Hosenbeinen hin und her.

Nein, auf Geld überhaupt nicht, sagte Jürgen verächtlich. Auf ganz etwas anderes. Na, was denn?

Ich kann es nicht sagen. Was anderes eben.

Na, denn nicht. Dann sage ich dir natürlich auch nicht, was ich hier im Korb habe. Der Mann stieß mit dem Fuß an den Korb und klappte das Messer zu.

Pah, kann mir denken, was in dem Korb ist, meinte Jürgen geringschätzig, Kaninchenfutter.

Donnerwetter, ja! sagte der Mann verwundert, bist ja ein fixer Kerl. Wie alt bist du denn?

Neun. Oha, denk mal an, neun also. Dann weißt du ja auch, wieviel drei mal neun sind, wie?

Klar, sagte Jürgen, und um Zeit zu gewinnen, sagte er noch: Das ist ja ganz leicht. Und er sah durch die Beine des Mannes hindurch. Dreimal neun, nicht? fragte er noch einmal, siebenundzwanzig. Das wußte ich gleich.

Stimmt, sagte der Mann, und genau soviel Kaninchen habe ich.

Jürgen machte einen runden Mund: Siebenundzwanzig?

Du kannst sie sehen. Viele sind noch ganz jung. Willst du?

Ich kann doch nicht. Ich muß doch aufpassen, sagte Jürgen unsicher. Immerzu? fragte der Mann, nachts auch?

Nachts auch. Immerzu. Immer. Jürgen sah an den krummen Beinen hoch. Seit Sonnabend schon, flüsterte er.

Aber gehst du denn gar nicht nach Hause? Du mußt doch essen.

Jürgen hob einen Stein hoch. Da lag ein halbes Brot und eine Blechschachtel. Du rauchst? fragte der Mann, hast du denn eine Pfeife?

Jürgen faßte seinen Stock fest an und sagte zaghaft: Ich drehe. Pfeife mag ich nicht.

Schade, der Mann bückte sich zu seinem Korb, die Kaninchen hättest du ruhig mal ansehen können. Vor allem die Jungen. Vielleicht hättest du dir eines ausgesucht. Aber du kannst hier ja nicht weg.

Nein, sagte Jürgen traurig, nein, nein.

Der Mann nahm den Korb hoch und richtete sich auf. Na ja, wenn du hierbleiben mußt – schade. Und er drehte sich um.

Wenn du mich nicht verrätst, sagte Jürgen da schnell, es ist wegen den Ratten. Die krummen Beine kamen einen Schritt zurück: Wegen den Ratten?

Ja, die essen doch von Toten. Von Menschen. Da leben sie doch von.

Wer sagt das?

Unser Lehrer.

Und du paßt nun auf die Ratten auf? fragte der Mann.

Auf die doch nicht! Und dann sagte er ganz leise: Mein Bruder, der liegt nämlich da unten. Da. Jürgen zeigte mit dem Stock auf die zusammengesackten Mauern. Unser Haus kriegte eine Bombe. Mit einmal war das Licht weg im Keller. Und er auch. Wir haben noch gerufen. Er war viel kleiner als ich. Erst vier. Er muß hier ja noch sein. Er ist doch viel kleiner als ich.

Der Mann sah von oben auf das Haargestrüpp. Aber dann sagte er plötzlich: Ja, hat euer Lehrer euch denn nicht gesagt, daß die Ratten nachts schlafen?

Nein, flüsterte Jürgen und sah mit einmal ganz müde aus, das hat er nicht gesagt. Na, sagte der Mann, das ist aber ein Lehrer, wenn er das nicht mal weiß. Nachts schlafen die Ratten doch. Nachts kannst du ruhig nach Hause gehen. Nachts schlafen sie immer. Wenn es dunkel wird, schon.

Jürgen machte mit seinem Stock kleine Kuhlen in den Schutt. Lauter kleine Betten sind das, dachte er, alles kleine Betten.

Da sagte der Mann (und seine krummen Beine waren ganz unruhig dabei): Weißt du was? Jetzt füttere ich schnell meine Kaninchen und wenn es dunkel wird, hole ich dich ab. Vielleicht kann ich eins mitbringen. Ein kleines oder, was meinst du? Jürgen machte kleine Kuhlen in den Schutt. Lauter kleine Kaninchen. Weiße, graue, weißgraue. Ich weiß nicht, sagte er leise und sah auf die krummen Beine, wenn sie wirklich nachts schlafen.

Der Mann stieg über die Mauerreste weg auf die Straße. Natürlich, sagte er von da, euer Lehrer soll einpacken, wenn er das nicht mal weiß.

Da stand Jürgen auf und fragte: Wenn ich eins kriegen kann? Ein weißes vielleicht?

Ich will mal versuchen, rief der Mann schon im Weggehen, aber du mußt hier solange warten. Ich gehe dann mit dir nach Hause, weißt du? Ich muß deinem Vater doch sagen, wie so ein Kaninchenstall gebaut wird. Denn das müßt ihr ja wissen. Ja, rief Jürgen, ich warte. Ich muß ja noch aufpassen, bis es dunkel wird. Ich warte bestimmt. Und er rief: Wir haben auch noch Bretter zu Hause. Kistenbretter, rief er.

Aber das hörte der Mann schon nicht mehr. Er lief mit seinen krummen Beinen auf die Sonne zu. Die war schon rot vom Abend, und Jürgen konnte sehen, wie sie durch die Beine hindurchschien, so krumm waren sie. Und der Korb schwenkte aufgeregt hin und her. Kaninchenfutter war da drin. Grünes Kaninchenfutter, das war etwas grau vom Schutt.

In: Erzählte Zeit: Reclam 1980, Seite 69 (in alter Rechtschreibung)

2 Teile den Text in Sinnabschnitte ein und untersuche die Figurenkonstellation!

3 Weise die Merkmale einer Kurzgeschichte an diesem Text nach.

Merkmal	Nachweis
geradliniger, linearer Aufbau; Höhepunkt fällt mit dem Schluss zusammen	
Beschränkung auf wenige Personen, die meist anonym bleiben	
offener Anfang (d. h. keine Einleitung) und offener Schluss (keine abschließende Lösung)	
wenig äußere Handlung, einfache Sprache	

4 Fasse nun den Inhalt der Geschichte in einem kurzen Text zusammen (→ Seite 81, Kapitel 8)!

5 Bestimme die Erzählperspektive!

6 Notiere eine erste Deutung des Textes in maximal zwei Sätzen!

TEST 4 Interpretation

1 Um eine Interpretation zur Kurzgeschichte „Nachts schlafen die Ratten doch“ von Wolfgang Borchert (→ vergleiche Test 3) verfassen zu können, sind noch weitere Vorarbeiten notwendig. Beantworte deshalb die folgenden Leitfragen. Nutze dazu auch deine Ergebnisse aus Test 3.

a) Von wem erfahren wir die Geschichte?
b) Wie ist der Text aufgebaut? (inhaltliche Struktur, z. B. Stationen des Geschehens, Spannungsmomente, Höhe- und Wendepunkte)
c) Wo und wann spielt die Geschichte?
d) Welche Personen sind beteiligt? (Charakterisierung der Personen und ihrer Beziehung)
e) Wie ist der Text sprachlich gestaltet? (Zeitform, Satzbau, Wortschatz, weitere sprachliche Mittel)
f) In welcher Beziehung stehen Text und Titel?
g) Wie verhalten sich Anfangs- und Schlusssatz zueinander?

2 Fasse nun deine Ergebnisse im Heft zu einer ersten Deutung zusammen.

Achte bei der Formulierung der ersten Deutung auf eine deutliche Wortwahl. Beginne mit dem Ort und der Zeit des Geschehens. Äußere dich anschließend zum Problem des Textes, indem du dieses möglichst genau benennst.

Lösungen zu Test 1

1 Erste Auffälligkeiten könnten sein:

Tier mit menschlichen Eigenschaften, kurzer Text, versteckte Lehre, dummer Rabe, listiger Fuchs

2 Hier ein Vorschlag zur Tabelle.

Merkmal	Nachweis
moralische Lehre oder Kritik an den Zeitverhältnissen	Dem Raben wird die Lehre erteilt, dass man nicht auf Schmeichler hören soll
Tiere oder Gegenstände verkörpern menschliche Eigenschaften.	Rabe – dumm, kann sich nicht einschätzen, unkritisch, naiv, prahlerisch Fuchs – listig, nutzt andere aus, rücksichtslos
Dabei stehen sich fast immer zwei gegensätzliche Positionen gegenüber	Dummheit – Klugheit, List Naivität und Oberflächlichkeit – Realismus und Zielgerichtetheit

3 Zur Figurenkonstellation:
Es stehen sich ein dummer krächzender Rabe mit einem Stück Käse und ein listiger Fuchs, der diesen Käse haben möchte, gegenüber.

4 Hier findest du einen Vorschlag für eine Inhaltsangabe.

Ein Fuchs will von einem Raben ein Stück Käse erbeuten. Deshalb schmeichelt er dem Raben und lobt dessen Stimme. Der Rabe glaubt den Lügen und will krächzen. Dadurch fällt ihm der Käse aus dem Schnabel, über den sich der Fuchs freut.

5 Folgende Auffälligkeiten könntest du notieren:

Kurze Sätze, kaum Ausschmückungen; klare Charakterisierung der beiden Figuren („Da er aber seiner Art nach gerne prahlt" Zeile 2); („Der Fuchs... lachte über die Dummheit des Raben.");
Personifizierung, d.h. Tiere werden mit menschlichen Eigenschaften ausgestattet; Hyperbel („O Rabe, ich habe in meinem Leben keinen schöneren Vogel gesehen von Feder und Gestalt als dich").

6 Hier ein Vorschlag für eine erste Deutung des Textes in maximal zwei Sätzen!

Martin Luther will mit dieser Fabel den Menschen eine Lehre erteilen.
Prahl- und Ruhmsucht sind negative Eigenschaften, die ins Unglück führen.

Von dieser Deutung ausgehend kannst du jetzt eine eigene Fabel schreiben. Denke dir eine „Lehre" aus, überlege dir, mit welchen Tieren, diese Lehre gut umsetzbar ist. Wenn du dabei noch die Merkmale berücksichtigst, die eine Fabel auszeichnen, kann eigentlich nichts mehr schief gehen.

Lösung zu Test 2

1 Erste Auffälligkeiten könnten sein: Lehre zu Beginn und am Schluss; Wiederholungen ansonsten aber kaum Ausschmückungen

2 Hier ein Vorschlag zur Tabelle

Merkmal	Nachweis
Kurze Erzählung, knappe Handlung	Kurz, Geschichte knapp ohne Ausschmückungen erzählt
Unterhaltsam, überraschende Wendung	Überraschende Wendung, da der Löwenwirt doppelt betrogen wurde
Lehre, allgemeine Lebensweisheit	Streit und Missgunst bringen keinen Segen

3 Der Text kann in folgende Sinnabschnitte eingeteilt werden.

Drei Teile; Teil I (Zeile 1 bis 14): Gast bekommt Essen „für sein Geld“;
Teil II (Zeile 15 bis 24): Löwenwirt erkennt die List und will seinem Nachbarn einen Streich spielen lassen;
Teil III (Zeile 24 bis 31): Aufklärung und Lehre

Zur Figurenkonstellation: Drei Figuren: Gast, der den Bären- und den Löwenwirt betrogen hat; Bärenwirt und Löwenwirt, die sich gegenseitig einen Streich spielen wollen.

4 Es handelt sich um einen auktorialen Erzähler.

5 Kurze, meist einfache Sätze; wenig Adjektive; Wiederholung (Zeile 6, 8, 10, 12); Dialoge; Vorverweise des Erzählers (Zeile 15 bis 17); Lehre an Anfang und Ende (Zeile 3 und 28 bis 31)

6 In der Kalendergeschichte wird gezeigt, dass Unfriede zwischen Nachbarn Nachteile für beide mit sich bringt.

Lösung zu Test 3

1. Erste Auffälligkeiten könnten sein: offener Anfang; Personifizierungen; Jürgen und der alte Mann als anonyme Hauptfiguren; ein zerstörter Ort; kurze Sätze und wenig Ausschmückungen

2 Den Text kann man in folgende drei Sinnabschnitte einteilen:

Teil 1 (Zeile 2–13): Darstellung des bedrohlichen Ortes (Ruinenlandschaft),
Teil 2 (Zeile 14–101): Gespräch zwischen dem Mann und Jürgen,
Teil 3 (Zeile 102–107): Ruinenlandschaft hat jetzt einen Hoffnungsschimmer bekommen

Zur Figurenkonstellation: Es treten zwei Personen auf: ein Kind und ein alter Mann, die durch das Gespräch eine Beziehung zueinander aufbauen.

3 Hier ein Vorschlag zur Tabelle.

Merkmal	Nachweis
geradliniger, linearer Aufbau; Höhepunkt fällt mit dem Schluss zusammen	Keine Nebenhandlung, Jürgen erzählt dem Mann, warum er Wache hält
Beschränkung auf wenige Personen, die meist anonym bleiben	Jürgen Alter Mann, der Kaninchen züchtet
offener Anfang (d. h. keine Einleitung) und offener Schluss (keine abschließende Lösung)	Der Leser erfährt nicht, wie es zu dieser Situation kam; offen bleibt auch, ob der alte Mann sein Versprechen einhält und mit einem Kaninchen zurückkommt, oder was mit Jürgen weiter geschieht
wenig äußere Handlung, einfache Sprache	Handlung nur an einem Ort, kurze Zeitspanne, einfache, fast schmucklose Sätze

4 Hier findest du ein Beispiel für eine Inhaltsangabe.

In einer Trümmer- und Ruinenlandschaft entdeckt ein Mann einen kleinen Jungen, der sich wie ein Erwachsener benimmt und nicht sagen will, was er tut. Nach und nach entlockt der Mann dem Jungen den Grund seines Wachens. Er bewacht den bei einem Bombenangriff getöteten kleineren Bruder, der unter den Trümmern liegt, vor den Ratten. Mit der Notlüge, dass die Ratten nachts schlafen, gelingt es dem Mann das völlig übermüdete Kind von seinem Vorhaben abzubringen. Mit der Aussicht auf ein lebendiges Kaninchen weckt er in dem Jungen wieder Lebensfreude.

5 Es handelt sich um einen personalen Erzähler, es wird aus der Sicht des Jungen erzählt.

6 Eine erste Deutung (Interpretationshypothese) könnte lauten:

In dieser Kurzgeschichte zeigt Wolfgang Borchert den Schrecken eines Krieges am Beispiel des Jungen, der durch seine schrecklichen Erfahrungen seelisch verstört ist.

Lösung zu Test 4

1 a) Es handelt sich um einen personalen Erzähler, es wird aus der Sicht des Jungen erzählt.

b) Offener Anfang, offener Schluss, drei Teile sind erkennbar.
Teil 1: Darstellung des Ortes,
Teil 2: Gespräch zwischen dem Mann und Jürgen,
Teil 3: Hoffnungsschimmer für Jürgen, Wandel von bedrohlicher Atmosphäre („Jetzt haben sie mich“ Zeile 7) hin zu einem hoffnungsvollen Schluss. (rote Abendsonne“ Zeile 104)

c) Die Geschichte spielt am Ende des zweiten Weltkrieges in einer Ruinenlandschaft irgendwo in Deutschland.

d) Der neunjährige Jürgen, der an der Ruine des ehemaligen Wohnhauses der Familie Wache hält, um die Leiche seines kleinen Bruders, die unter den Trümmern liegt, vor den Ratten zu schützen. Ein alter Mann, der auf der Suche nach Kaninchenfutter den Jungen trifft nach anfänglicher Abwehr erzählt Jürgen dem Mann, warum er Wache halten muss; der Mann gewinnt Jürgens Vertrauen.

e) Auffallend sind die kurzen Sätze und der eher sachliche Stil, es werden wenige Adjektive benutzt, es kommt an entscheidenden Stellen zu Wiederholungen („Er war viel kleiner als ich. Erst vier. Er muß hier ja noch sein. Er ist doch viel kleiner als ich.“ Zeile 71 f.);
weiterhin fallen Personifizierungen („Das hohle Fenster in der vereinsamten Mauer gähnte blaurot voll früher Abendsonne. Staubgewölke flimmerte zwischen den steilgereckten Schornsteinresten. Die Schuttwüste döste.“ Zeile 2–4) und Satzverkürzungen („Von Menschen.“; „Unser Lehrer.“; „ Und er auch.“ Zeile 64 ff.) auf. In der gesamten Kurzgeschichte gibt es keine Zeichen für die wörtliche Rede. Der Text weist viele Absätze auf, die den Lesefluss hemmen.
Insgesamt ist festzustellen, dass es sich um ein Beispiel für die für Wolfgang Borchert typische „Trümmersprache“ handelt. D. h. die schmucklose (wenig Adjektive, meist einfache Sätze) Sprache soll die schmucklose zerstörte Umwelt am Ende des Zweiten Weltkrieges symbolisieren. Dazu

tragen auch die vielen Absätze bei, die den Textkörper zerstören.

f) Der Titel nimmt den entscheidenden Satz der Kurzgeschichte vorweg. Die Lüge des alten Mannes, dass die Ratten nachts schlafen, kann als Zeichen der Menschlichkeit inmitten einer zerstörten Umgebung gedeutet werden. Dadurch kann Jürgen wieder Kind sein und seinen Wachposten aufgeben.

g) Die Sätze stehen in enger Beziehung zueinander. In beiden Sätzen wird die Ruinenlandschaft beschrieben. Im Eingangssatz wirkt sie bedrohlich, im Schlusssatz zeichnet sich ein Hoffnungsschimmer ab. („ Grünes Kaninchenfutter, das war etwas grau vom Schutt." Zeile 106 f. – „grün" deutet hier auf einen Neuanfang hin)

2 Eine erste (knappe) Deutung könnte so aussehen.

Die Kurzgeschichte spielt in den letzten Tagen des Zweiten Weltkrieges in einer Ruinenlandschaft. Ohne Einleitung führt die Geschichte den Leser in eine bedrückende und beängstigende Atmosphäre zwischen zerstörten Häusern. Erzählt wird in der Er-Form und aus der Perspektive des neunjährigen Jürgen (personaler Erzähler). Die Geschichte kann in drei Teile gegliedert werden. Zunächst werden der Ort (Ruinen, Staub) und die bedrohliche Situation dargestellt: Jemand fühlt sich verfolgt („Jetzt haben sie mich." Zeile 7). Im sich anschließenden Hauptteil kommt es zum Gespräch zwischen Jürgen und dem Mann. Jürgens Haltung wandelt sich von trotziger Abwehr (Zeile 19) über die Preisgabe seines Geheimnisses (Zeile 67 ff.) zu wiederentdeckter Kindlichkeit (Zeile 76 ff.). Der Schlusssatz nimmt das Bild der Ruinenlandschaft wieder auf, erweckt aber beim Leser die Hoffnung auf einen Neuanfang. Das Ende der Geschichte bleibt aber offen.

10 Lyrik

WISSEN

1 Kennzeichen der Lyrik

Lyrik ist alles in Gedichtform Geschriebene und Überlieferte. Sie hat sich aus dem Lied entwickelt. Die Sprache lyrischer Texte ist oft kunstvoll verknappt und verdichtet sowie besonders formenreich.

2 Lyrisches Subjekt

In jedem lyrischen Text ist ein **lyrisches Subjekt** vorhanden, ein Sprecher, aus dessen Sichtweise das Dargestellte deutlich wird.
Es kann als **lyrisches Ich** (oder lyrisches Wir) im Gedicht anwesend sein. Es kann aber auch nicht direkt in Erscheinung treten.
Das lyrische Subjekt stellt Erlebnisse, ein Geschehen sowie Gedanken und Gefühle dar. Dieser Sprecher ist aber nicht identisch mit dem Autor!

3 Gliederung

Gedichte sind in **Verse** und **Strophen** gegliedert.
Die einzelnen Zeilen eines Gedichts werden als Verse bezeichnet. Strophen sind durch einen Absatz voneinander abgegrenzte Verse.
Manche Gedichte enthalten einen **Refrain**. Das sind mehrfach wiederkehrende Verse oder Strophen. Ein Refrain unterstreicht den Liedcharakter eines Textes.

4 Reim

Gelassen steigt die Nacht ans Land, Lehnt träumend an der Berge Wand, Ihr Auge sieht die goldne Waage nun Der Zeit in gleichen Schalen stille ruhn[1];	a a b b	**Paarreim**: Zwei unmittelbar aufeinanderfolgende Verse reimen sich.
Frühling lässt sein blaues Band Wieder flattern durch die Lüfte; Süße, wohl bekannte Düfte Streifen ahnungsvoll das Land[2].	a b b a	**Umschließender oder umarmender Reim:** Zwei Verse umschließen einen Paarreim.
Vom Berge was kommt da um Mitternacht spät Mit Fackeln so prächtig herunter? Ob das wohl zum Tanze, zum Feste noch geht? Mir klingen die Lieder so munter[3].	a b a b	**Kreuzreim:** Jeweils der erste und dritte und der zweite und vierte Vers reimen sich.

5 Metrum

Das Metrum, auch Versmaß genannt, zeigt den Wechsel von betonten und unbetonten Silben einer Verszeile in einer bestimmten Reihenfolge.
Geschieht dieser Wechsel in einer regelmäßigen Abfolge, lassen sich verschiedene Metren unterscheiden:

Metrum	Reihenfolge der **betonten** (x) und unbetonten (–) Silben	Wirkung
Jambus	– x Wer **níe** sein **Brót** mit **Tránen** **áß**	wirkt frisch, belebend oder dynamisch, auch überschwänglich und freudig
Trochäus	x – **Tráum** der **Sómmernácht**	wirkt ruhig und gemäßigt, manchmal auch schwer, bedrückend, nachdenklich und ernst
Daktylus	x – – **Wéndet** zur **Klárheit** Euch	wirkt bewegt und beschwingt, ist oft in Tanzliedern zu finden
Anapäst	– – x Wie mein **Glück** ist mein **Líed**	wirkt belebend, wird oft zusammen mit dem Jambus verwendet

6 Poetische Stilmittel

Eine Reihe verschiedener sprachlicher Mittel und Stilfiguren dienen der Verdeutlichung, Veranschaulichung und Ausschmückung der Gedichtaussage.
Hier folgt nur eine Auswahl:

Alliteration: Zwei oder mehrere Wörter innerhalb einer Zeile beginnen mit demselben Anlaut (Stabreim). – *bei Wind und Wetter*

Anapher: Ein Wort oder mehrere Wörter werden zu Beginn eines Satzes oder Verses wiederholt.
Sie schweben herunter ins Mummelseetal –
Sie haben den See schon betreten

Antithese: Gegensätzliche Gedanken und Begriffe werden gegenübergestellt. – *nehmen und geben, Himmel und Hölle*

Ellipse: Die Aussage wird auf das Wesentliche reduziert, gedanklich leicht zu Ergänzendes wird weggelassen. – *Herrlich zu leben!*

Hyperbel: Übertreibung – *unendliche Geduld haben*

Interjektion: Ausruf, der zum Ausdruck einer Empfindung dient. – *Oh! Ach!*

Ironie: Man sagt nicht, was man meint, sondern das Gegenteil. *Du bist mir ein schöner Freund!*

Klimax: Steigerung, die aus drei Gliedern besteht. *er schrie, weinte, winselte*

Metapher: Bedeutungsübertragung ohne Vergleichswort, zwei Bildbereiche werden zu einem neuen Zusammenhang verknüpft. *das Feuer der Liebe, Türflügel*

Metonymie: Ein eigentlich gemeintes Wort wird durch ein anderes ersetzt, das in einer realen Beziehung zu diesem steht. – *ein Glas trinken*

Personifikation: Abstrakte Begriffe, konkrete Gegenstände und Tiere handeln und sprechen wie Personen. *die Sonne lacht, Blumen erwachen*

Vergleich: Zwei Dinge oder Eigenschaften werden durch *wie* oder *als* miteinander in Beziehung gesetzt. – *listig wie ein Fuchs*

Zeilensprung: (**Enjambement**) Das Satzende fällt nicht mit dem Versende zusammen, sondern der Satz wird über die Versgrenze hinweg fortgeführt.
– *Es ist doch im April fürwahr/*
Der Frühling weder halb noch gar

Es gibt eine Reihe weiterer äußerer Besonderheiten, die beim Lesen von Gedichten berücksichtigt werden müssen:

- Wie sind die Verszeilen angeordnet? Gibt es Leerzeilen?
- Werden Satzzeichen verwendet oder weggelassen?
- Wird ein Doppelpunkt verwendet? Dieser ist oft Ausdruck der Zusammenfassung und der direkten Beziehung zwischen zwei Aussagen.
- Werden die Regeln der Groß- und Kleinschreibung eingehalten oder gibt es Abweichungen und Auffälligkeiten? Werden einzelne Wörter hervorgehoben?

- Welche Wirkung geht vom Satzbau und der Bevorzugung bestimmter Wortarten aus?
- Gibt es besondere Schlüsselwörter? Werden Wörter aus einem bestimmten Wortfeld verwendet?

7 Ballade

Die Ballade ist ein besonderes Genre der Lyrik, da in ihr lyrische, epische und dramatische Elemente eng zusammenwirken. Balladen erzählen Geschichten in Versen und sind in Strophen gegliedert. Das **Balladengeschehen** zeigt dem Leser anschaulich die durch den Dichter gestaltete Aussage über Mensch und Welt. Die Figuren werden durch ihr Handeln charakterisiert. Häufig finden sich eindrucksstarke Dialoge. Im **Balladenurteil**, das direkt oder indirekt ausgesprochen worden sein kann, wird deutlich, wie der Dichter das Geschehen beurteilt und bewertet.

8 Gedichtinterpretation

Ziel einer Gedichtinterpretation ist es, die Textaussage zu erfassen.
Um zu verstehen, was der Dichter sagen will, muss man **Inhalt und Form des Gedichts und ihre Beziehung zueinander** untersuchen. Das bedeutet, die formalen Merkmale eines Gedichts sowie sprachliche Figuren zu erkennen und sie im Rahmen der Interpretation konsequent auf den Inhalt zu beziehen.
Nur so kann man die Aussage eines Gedichts erschließen.

Methoden zur Erschließung von lyrischen Texten:

- Fragen an das Gedicht stellen
- Interpretationshypothese formulieren
- Eigene Vorkenntnisse aktivieren

Quellenangaben zu Seite 110:

1 Paarreimbeispiel – Eduard Mörike: Um Mitternacht. Aus: Gedichte. Hamburger Lesehefte Verlag, Husum, Seite 39

2 Beispiel umschließender Reim – Eduard Mörike: Er ist's. Aus: Gedichte. Hamburger Lesehefte Verlag, Husum, Seite 14

3 Kreuzreimbeispiel – Eduard Mörike: Die Geister am Mummelsee. Aus: Gedichte. Hamburger Lesehefte Verlag, Husum, Seite 39

TEST 1 Gliederung

1 Lies das Gedicht „Der Schneider von Ulm“ von Bertolt Brecht und beantworte die folgenden Fragen an den Text:

Wer spricht in den ersten Zeilen zu wem? Was macht der Schneider? Was macht der Bischof, was sagt er? Was passiert in der Zwischenzeit? Was sagen die Leute zu wem? Wer spricht am Ende des Gedichts zu wem, was wird gesagt?

Bertolt Brecht
Der Schneider von Ulm
(Ulm 1592)

Bischof, ich kann fliegen
Sagte der Schneider zum Bischof.
Paß auf, wie ich's mach!
Und er stieg mit so 'nen Dingen
Die aussahn wie Schwingen
Auf das große, große Kirchendach.

Der Bischof ging weiter
Das sind lauter so Lügen
Der Mensch ist kein Vogel
Es wird nie ein Mensch fliegen
Sagte der Bischof vom Schneider.

Der Schneider ist verschieden
Sagten die Leute dem Bischof.
Es war eine Hatz.
Seine Flügel sind zerspellet
Und er liegt zerschellet
Auf dem harten, harten Kirchenplatz.

Die Glocken sollen läuten
Es waren nichts als Lügen
Der Mensch ist kein Vogel
Es wird nie ein Mensch fliegen
Sagte der Bischof den Leuten.

Bertolt Brecht: Ein Lesebuch für unsere Zeit. Aufbau-Verlag, Berlin und Weimar, 1980, S. 68

Markiere die wörtlichen Reden im Gedicht, dann wird dir die Beantwortung der Fragen leichter fallen.

2 Finde die Besonderheiten des Aufbaus des Gedichts heraus.

TEST 2 Inhalt und Form

1 Lies das Gedicht, mache am Rand Notizen zur äußeren Form (Strophe, Verse, Reim, Metrum) und fasse im Heft knapp den Inhalt jeder Strophe zusammen.

Eduard Mörike

„Das Mädchen an den Mai"

Es ist doch im April fürwahr
Der Frühling weder halb noch gar;
Komm, Rosenbringer, süßer Mai,
Komm du herbei,
So weiß ich, was der Frühling sei!

– Wie aber? Soll die erste Gartenpracht,
Narzissen, Primeln, Hyazinthen,
Die kaum die hellen Augen aufgemacht,
Schon welken und verschwinden?
Und mit euch besonders, holde Veilchen,
Wär es dann fürs ganze Jahr vorbei?
Lieber, lieber Mai,
Ach, so warte noch ein kleines Weilchen!

Eduard Mörike: Gedichte. Hamburger Lesehefte Verlag, Husum, S. 57

2 Wer ist das lyrische Subjekt? An wen richtet es sich und warum? Untersuche dazu auch die Überschrift und überlege, welche Situation dargestellt wird. Welche unterschiedliche Position bezieht das lyrische Subjekt in der 1. und 2. Strophe?

3 Wodurch verdeutlicht der Dichter den Sinneswandel des lyrischen Subjekts?

4 Unterstreiche im Gedicht, wie der Mai beschrieben wird.

TEST 3 Poetische Stilmittel

1 Der Zugang zu diesem Gedicht erscheint zunächst nicht ganz leicht, da die Dichterin auf viele Satzzeichen verzichtet hat.
Schreibe die Verse (ohne Autorin und Titel) als fortlaufenden Text neben das Gedicht und gliedere ihn mithilfe von Satzzeichen.

Sarah Kirsch
„Bäume"
Früher sollen sie
Wälder gebildet haben und Vögel
Auch Libellen genannt kleine
Hutähnliche Wesen die zu
Singen vermochten schauten herab.

Sarah Kirsch: Bäume. In: Sarah Kirsch: Katzenleben. Gedichte. DVA, Stuttgart 1984.

2 Warum beginnt das Gedicht mit dem Wort „früher"?
Worauf bezieht sich das Wort „sie" am Ende der 1. Verszeile? Schreibe deine Antworten für diese Aufgabe und für die Aufgabe 3 bis 5 in dein Heft.

3 Welche Stilmittel verwendet die Autorin? Was wird damit ausgedrückt?

4 Was erfahren wir über die Zeit, in der das lyrische Subjekt lebt?

5 Fasse nun zusammen, was die Autorin mit diesem Gedicht zeigen will.

Auch die Untersuchung der verwendeten Verbformen hilft dir, ein Gedicht zu verstehen. Informiere dich dazu noch einmal im Kapitel 4. → Seite 38–40. Was drücken die einzelnen Tempusformen aus? Welche Funktion haben Modalverben?

TEST 4 Ballade

1 Lies die Ballade und skizziere das Balladengeschehen, indem du den Inhalt jeder Strophe im Heft knapp zusammenfasst.

Adelbert von Chamisso

„Die Weiber von Winsperg“

Der erste Hohenstaufen, der König Konrad, lag
Mit Heeresmacht vor Winsperg seit manchem langen Tag;
Der Welfe war geschlagen, noch wehrte sich das Nest,
Die unverzagten Städter, die hielten es noch fest.

Der Hunger kam, der Hunger! das ist ein scharfer Dorn;
Nun suchten sie die Gnade, nun fanden sie den Zorn.
„Ihr habt mir hier erschlagen gar manchen Degen wert,
Und öffnet ihr die Tore, so trifft euch doch das Schwert.“

Da sind die Weiber kommen: „Und muß es also sein,
Gewährt uns freien Abzug! Wir sind vom Blute rein.“
Da hat sich vor den Armen des Helden Zorn gekühlt,
Da hat ein sanft Erbarmen im Herzen er gefühlt.

„Die Weiber mögen abziehn, und jede habe frei,
Was sie vermag zu tragen und ihr das Liebste sei!
Laßt ziehen mit ihrer Bürde sie ungehindert fort,
Das ist des Königs Meinung, das ist des Königs Wort.“

Und als der frühe Morgen im Osten kaum gegraut,
Da hat ein seltsam Schauspiel vom Lager man geschaut;
Es öffnet leise, leise sich das bedrängte Tor,
Es schwankt ein Zug von Weibern mit schwerem Schritt hervor.

Tief beugt die Last sie nieder, die auf dem Nacken ruht,
Sie tragen ihre Eh'herrn, das ist ihr liebstes Gut.
„Halt an die argen Weiber!“ ruft drohend mancher Wicht –
Der Kanzler spricht bedeutsam: „Das war die Meinung nicht.“

Da hat, wie er's vernommen, der fromme Herr gelacht:
„Und war es nicht die Meinung, sie haben's gut gemacht;
Gesprochen ist gesprochen, das Königswort besteht,
Und zwar von keinem Kanzler zerdeutelt und zerdreht.“

So ward das Gold der Krone wohl rein und unentweiht.
Die Sage schallt herüber aus halbvergeßner Zeit.

Im Jahr elfhundertvierzig, wie ich's verzeichnet fand,
Galt Königswort noch heilig im deutschen Vaterland.

Aus: „Ein Fischer saß in Kahne", Die schönsten deutschen Balladen des 19. Jahrhunderts, Aufbau-Verlag Berlin und Weimar, 1974, S. 46 f.

2 Erkläre die Bedeutung folgender Wörter aus der Ballade.

Zeile 4: unverzagt

Zeile 15: Bürde

Zeile 23: arg

Zeile 28: zerdeutelt

3 Welche formalen Besonderheiten hat die Ballade? Untersuche dabei insbesondere das lyrische Subjekt, die Strophen und Verse, den Reim und das Metrum.

4 Wie werden die in der Ballade handelnden Figuren charakterisiert?

König Konrad:

Die Weiber:

Der Kanzler:

5 In welcher Strophe steht das Balladenurteil? Formuliere es mit eigenen Worten.

TEST 5 Gedichtvergleich

1 Lies zunächst das erste Gedicht. Finde heraus, welche These aufgestellt wird und wie diese begründet wird.

Rainer Dura
Es ist ein Glück
Freunde zu haben,
Menschen zu kennen,
die einen mögen,
die zu einem kommen,
zu denen wir gehen können.
Das gibt uns soviel Sicherheit.

www.miss-pc.de/index.htm?sitefreu.htm (18.7.2007)

2 Welche formalen Besonderheiten hat das Gedicht?

3 Erschließe nun das zweite Gedicht. Überlege, welche Mittel der Autor nutzt, um seine Aussage zu verdichten.

Heinz Kahlau
„Lebensqualität"
Wozu
zwei Dutzend Hosen haben,
aber kaum
einen Freund?
Ist es nicht besser:
Kaum
eine Hose,
doch
überall Freunde?

Heinz Kahlau: Lob des Sisyphus. Reclam Verlag, Leipzig, 1985

4 Vergleiche nun beide Gedichte miteinander. Schreibe deine Lösung ins Heft.

Lösungen zu Test 1

1 Die Kennzeichnung der wörtlichen Rede macht deutlich, wer was sagt.

„Bischof, ich kann fliegen",
Sagte der Schneider zum Bischof.
„Paß auf, wie ich's mach!"
Und er stieg mit so 'nen Dingen
Die aussahn wie Schwingen
Auf das große, große Kirchendach.

Wer spricht zu wem?
Der Schneider spricht zum Bischof.

Was macht der Schneider?
Er steigt auf das Kirchendach, um von dort zu fliegen.

Der Bischof ging weiter
„Das sind lauter so Lügen
Der Mensch ist kein Vogel
Es wird nie ein Mensch fliegen",
Sagte der Bischof vom Schneider.

Was macht der Bischof und was sagt er?
Er geht einfach weiter und bezeichnet den Flugversuch als Unsinn und Unmöglichkeit.

Was passiert in der Zwischenzeit?
Der Flugversuch scheitert.

„Der Schneider ist verschieden",
Sagten die Leute dem Bischof.
„Es war eine Hatz.
Seine Flügel sind zerspellet
Und er liegt zerschellet
Auf dem harten, harten Kirchenplatz."

Was sagen die Leute zu wem?
Die Leute berichten dem Bischof genau vom Ablauf und Ergebnis des Flugversuchs.

„Die Glocken sollen läuten
Es waren nichts als Lügen
Der Mensch ist kein Vogel
Es wird nie ein Mensch fliegen",
Sagte der Bischof den Leuten.

Wer spricht zu wem?
Der Bischof lässt die Glocken läuten und sagt den Leuten erneut, dass niemals ein Mensch fliegen wird.

2 Der Aufbau ist regelmäßig.
Auffallend ist auch die Einrückung der 2. u. 4. Strophe.
Das Gedicht besteht aus 4 Strophen (1. und 3. Strophe je 6 Verse und 2. und 4. Strophe je 5 Verse). Die 2. und 4. Strophe bilden einen Refrain, wobei einige Verse leicht verändert sind. Der verwendete Endreim verknüpft die Verse und Strophen miteinander.

Lösungen zu Test 2

1 In folgenden Stichpunkten lassen sich Aussagen zu Form und Inhalt zusammenfassen:

1. Strophe (5 Verse): Paarreim mit einem zusätzlichen Vers (aabbb), Jambus
Ein Mädchen wünscht den Mai herbei.
2. Strophe (8 Verse):
1.–4. Vers: Kreuzreim (cdcd), Jambus
Das Mädchen befürchtet das zu schnelle Verblühen der Blumen.
5.–8. Vers: umschließender Reim (ebbe), Trochäus
Es bittet den Mai, doch noch etwas zu warten.

2 Bereits die Überschrift gibt einen Hinweis auf das lyrische Subjekt.

Ein Mädchen wendet sich als lyrisches Ich an den Mai und bittet ihn schnell zu kommen, um den wahren Frühling zu bringen. Dann besinnt sich das Mädchen darauf, dass dann der Frühling bereits fast vorüber wäre und viele Pflanzen verblüht wären. Es ändert seine Meinung und bittet den Mai, noch zu warten.

3 Der Sinneswandel des lyrischen Ichs wird durch verschiedene sprachliche Mittel verdeutlicht.

Während der Jambus die Ungeduld des Mädchens ausdrückt, macht bereits der Gedankenstrich zu Beginn der 2. Str. deutlich, dass das Mädchen nachdenklich wird und sich besinnt. Das wird unterstützt durch den Wechsel des Metrums.

4 Der Mai wird im Gedicht als Person dargestellt, an die sich das Mädchen direkt wendet. Der Dichter verwendet Personifizierungen und den Imperativ sowie positive Adjektive zur Anrede.

Komm, Rosenbringer, süßer Mai, Komm du herbei,	(1. Strophe)
Lieber, lieber Mai, Ach, so warte noch	(2. Strophe)

Lösungen zu Test 3

1 Der Text lässt sich wie folgt gliedern.

Früher sollen sie Wälder gebildet haben; und Vögel, auch Libellen genannt – kleine hutähnliche Wesen, die zu singen vermochten – schauten herab.

Wenn man die sehr verdichtete Sprache des Gedichts weiter auflöst, ist auch die folgende Umformung möglich.

Früher sollen sie Wälder gebildet haben. Und Vögel, die auch Libellen genannt wurden, schauten herab. Diese waren kleine hutähnliche Wesen, die zu singen vermochten.

2 Hier muss erkannt werden, worauf sich wichtige Wörter beziehen.

Das lyrische Subjekt macht sich Gedanken über Vergangenes. Das Personalpronomen bezieht sich auf „Bäume“ (Überschrift).

3 Im Gedicht lassen sich folgende Stilmittel finden.

Vergleich: „hutähnlich“ – Hiermit werden Pilze beschrieben, die einem Hut ähneln, allerdings wird der Vergleich auf die Libellen angewendet.

Modalverb: „sollen“ – Damit wird Distanz ausgedrückt. Das lyrische Ich gibt Gehörtes oder Gelesenes wieder, hat aber keine eigene Erfahrung.

Enjambement: Das Gedicht ist ein fortlaufender Satz, sodass der Gedanke über alle Verszeilen fortgeführt wird.

4 Das Gedicht vermittelt uns einen Eindruck von der Umwelt und den Erfahrungen des lyrischen Subjekts.

Es gibt weder Bäume noch Wälder und somit auch keine Vögel, Pilze und Libellen. Das lyrische Subjekt hat davon gehört, kann sich aber nicht mehr das Richtige darunter vorstellen.

5 Die Dichterin zeigt eine Zukunftsvision ohne die uns bekannte Natur.

Sie ruft indirekt dazu auf, unsere Welt zu schützen, damit das im Gedicht Gezeigte nicht eintritt.

Lösungen zu Test 4

1 Das Balladengeschehen wird in 7 Strophen dargestellt, die 8. Strophe ordnet das Geschehen zeitlich ein und enthält das Balladenurteil, also die Wertung durch den Dichter. (Eine genauere Darstellung des Balladengeschehens findest du auf der beiliegenden CD.)

2 Um die Ballade zu verstehen, sollte man die Bedeutung aller unbekannten oder weniger gebräuchlichen Wörter klären.

1. Strophe. unverzagt: zuversichtlich, Gegenteil zu verzagen = mutlos werden
4. Strophe. Bürde: Last
6. Strophe. arg: schlimm, auch im Sinne von arglistig = hinterlistig
7. Strophe. zerdeutelt: kleinlich ausgelegt, Präfix zer- bedeutet auch auseinander, kaputt, im Sinne von zerstören

3 Ein lyrisches Ich erzählt eine Geschichte (1.–7. Strophe), ordnet diese zeitlich ein und gibt eine Wertung (8. Strophe.). In jeder Strophe ist ein Paarreim zu finden (aabb), das Metrum ist regelmäßig. In jeder Zeile werden zwei dreihebige Jamben mit einer Zäsur verwendet (– x – x – x – x – x – x). Der erzählende Charakter wird durch das häufige Einbeziehen direkter Rede verstärkt.

4 Die handelnden Figuren werden vielfältig charakterisiert.
König Konrad: zornig (2. Strophe), gnädig (3. Strophe), großmütig den Frauen gegenüber (4. Strophe), worttreu und charakterfest (7. Strophe)
Die Weiber: unverzagt (1. u. 3. Strophe), mitleidsuchend und mutig (3. Strophe), listig und entschlossen (5. u. 6. Strophe)
Der Kanzler: wichtigtuerisch und engherzig (6. Strophe)

5 Das Balladenurteil steht in der letzten Strophe.
Die Handlungsweise König Konrads wird ausdrücklich gelobt. Es wird positiv hervorgehoben, dass der König sein Wort gehalten hat, wie es sich für einen Herrscher gehört. Zugleich wird deutlich gemacht, dass dieser moralische Anspruch verlorengegangen ist und viele Herrscher nicht mehr so handeln.

Lösungen zu Test 5

1 Rainer Duras Gedicht enthält folgende These und Begründung.

These: Freunde zu haben ist sehr wichtig.

Begründung: Man gewinnt durch den engen Kontakt mit Freunden Sicherheit und fühlt sich geborgen und anerkannt.

2 Auch bei solchen recht kurzen Gedichten lassen sich eine Reihe von formalen Besonderheiten finden.

Das Gedicht besteht aus 2 Sätzen, die in 7 Zeilen gebrochen wurden und sich nicht reimen. Eine These (Vers 1) wird näher erläutert (Vers 2) und begründet. Der Begriff Freunde wird näher erklärt, indem wesentliche Merkmale in einer Aneinanderreihung von Relativsätzen aufgezählt werden (Verse 4–6). Der 2. Satz (Vers 7) stellt in einer Schlussfolgerung fest, warum Freunde wichtig sind.

3 Im zweiten Gedicht „Lebensqualität" von Heinz Kahlau werden verschiedene Mittel genutzt, um die Aussage zu verdichten.

Sprachliche Mittel:

Fragewort wozu:	Frage nach dem Zweck, nach dem Nutzen
Antithese:	materieller Besitz (Hosen) wird aufgewogen gegen ideelle Werte (Freunde)
Wiederholung:	kaum
Ellipse:	Ist in jedem der 2 Sätze des Gedichts zu finden 1. Satz (Verse 1–4) – es fehlen das Subjekt und ein Teil des Prädikats 2. Satz (Verse 5–9) – es fehlt das Prädikat

4 Individuelle Lösung. Ein Lösungsbeispiel findest du auf der CD.

11 Beschreiben

1 Allgemeine Merkmale

Die Beschreibung ist eine wichtige Form der sachlichen Darstellung.
Jede Beschreibung ist durch ihren Zweck bestimmt. Dabei ist bei der sprachlichen Gestaltung zu beachten, für wen die Beschreibung bestimmt ist sowie welches Vorwissen und welche Interessen der Adressat hat.
Eine wesentliche Voraussetzung sind eine genaue Kenntnis des Gegenstands oder Vorgangs und die Beherrschung der notwendigen Fachausdrücke. In der Regel verwendet man die unpersönliche Ausdrucksweise (Passiv oder man-Form). (→ Seite 39, Nr. 6)

2 Arten

Entsprechend dem Zweck und dem Inhalt lassen sich zwei übergeordnete Arten der Beschreibung unterscheiden.
1. Vorgangsbeschreibung
2. Gegenstandsbeschreibung

Weitere Formen sind z. B. die Personenbeschreibung, die Wegbeschreibung, die Beschreibung von Orten und Gebäuden oder auch die Bildbeschreibung.

3 Beschreiben von Vorgängen

Vorgangsbeschreibungen sind häufig Anleitungen, beispielsweise Bastelanleitungen, Spielanleitungen, Bedienungsanleitungen, Back- und Kochanleitungen.
Wie pflegt man Kakteen?
Sie stellen wiederholbare Abläufe dar und verfolgen den Zweck, dass diese Abläufe vom Adressaten nachvollzogen werden können.
Dazu müssen die **Teilvorgänge sachlich richtig** und **in der korrekten Reihenfolge** dargestellt werden.

Sprachliche Besonderheiten

- Tempusform Präsens
- oft Imperative

4 Beschreiben von Entwicklungsprozessen

Im Fachunterricht findet man sehr oft besondere Vorgangsbeschreibungen, die der Erläuterung von Fragen aus den unterschiedlichsten Wissensgebieten (z. B. Natur und Technik) dienen. – *Entstehung eines Flussdeltas*
In diesem Fall soll die Beschreibung informieren und das Erkennen von Zusammenhängen ermöglichen. Einzelne Phasen müssen genau gekennzeichnet und gegebenenfalls Ursachen für die Entwicklung dargestellt werden.

5 Beschreiben von Gegenständen

Man kann Gegenstände der verschiedensten Art beschreiben. Dabei unterscheidet man zwischen **konkreten (1)** und **abstrakten (2) Gegenständen**.
(1) Beschreibe den Aufbau und die Funktion eines Fotoapparates.
(2) Beschreibe die Ständeordnung im Mittelalter.

Mögliche Reihenfolge:

- mit der Funktion beginnen (bei konkreten Gegenständen)
- dann vom Allgemeinen zum Speziellen
- vom Wichtigsten / Auffälligsten zum Nebensächlichen
- von oben nach unten oder von außen nach innen usw.

6 Vergleichendes Beschreiben

Die Beschreibungen von Gegenständen und Vorgängen werden oft miteinander verknüpft, wenn z. B. bestimmte Gegenstände benötigt werden, um einen Vorgang auszuführen.
Manchmal ist es auch notwendig, Vergleiche unter einem bestimmten Gesichtspunkt anzustellen. – *Vergleich der EU-Länder unter dem Gesichtspunkt der wirtschaftlichen Entwicklung*
Dazu werden zunächst jeweils die Merkmale genannt und beschrieben und dann Gemeinsamkeiten und Unterschiede herausgearbeitet.

Gebräuchliche Wendungen:
ebenso wie; Unterschiede bestehen auch; im Gegensatz zu

7 Beschreiben von Personen

Die Beschreibung von Personen kann sich auf die Darstellung der äußeren Erscheinung beschränken, sie kann aber auch auf charakteristische Eigenschaften, Vorlieben und Verhaltensweisen eingehen.

Äußere Erscheinung:

Achte bei deiner Darstellung auf eine logische Reihenfolge und beschreibe vom Allgemeinen zum Speziellen bzw. von oben nach unten.

Die gegebenen Beispiele zeigen, dass zur Beschreibung von Personen vor allem Adjektive verwendet werden. Auch Vergleiche eignen sich gut zur Veranschaulichung.

- Allgemeine Erscheinung: z. B. Alter, Geschlecht, Größe, Figur – *schlank*
- Einzelne Körperteile: Kopf/Kopfform – *rund, oval*
  Gesicht/Augen, Ohren, Nase, Kinn, Mund, Haar – *dunkel, leuchtend, klein, spitz, kantig, voll, lockig, gepflegt*
  Oberkörper/Rumpf, Bauch, Rücken, Schultern, Arme, Hände, Finger – *zierlich*
  Unterkörper/Beine, Füße – *kräftig, lang*
- Kleidung und Schmuck, besonderes Zubehör
- Mimik und Gestik
- Besondere Auffälligkeiten – *hinkender Gang*

Verhaltensweisen, Vorlieben, Eigenarten:

Hier werden besonders auffällige und für die Person typische Eigenschaften angeführt, die sie von anderen Personen unterscheiden. – *fröhliches und tausgeglichenes Wesen; oft streitsüchtig; glucksendes Lachen; markantes Niesen; Tagträumerei*

Eine besondere Form der Personenbeschreibung ist die literarische Charakteristik. Hier wird eine Person aus einem literarischen Werk beschrieben. Dazu müssen zuvor der Text intensiv erschlossen und die Besonderheiten der literarischen Figur herausgearbeitet werden.

TEST 1 Vorgänge

1 Wähle für die Beschreibung des Vorgangs jeweils das Verb aus, das den entsprechenden Sachverhalt am besten und genauesten kennzeichnet.

Nachrichtenübertragung von der Radiostation zum Empfänger

In einer Radiostation gibt es ein Tonaufnahmestudio, in dem die Moderatoren und Journalisten arbeiten ▪ tätig sind ▪ sitzen, sowie eine Technikregie, wo der Tontechniker das Mischpult bewacht ▪ bedient ▪ betätigt, die Position der Mikrofone überprüft ▪ verzeichnet ▪ beschließt und CDs und Audiokassetten aussucht ▪ auswählt ▪ auflegt. Das Studio ist über ein Kabel mit einer Sendezentrale vernetzt ▪ verkabelt ▪ verbunden. Über die Antenne, die an einem hohen Mast befestigt ist ▪ hängt ▪ sitzt, können sich die Radiowellen ungehindert verbreiten ▪ ausbreiten ▪ ausdehnen. Der Sender moduliert die Trägerwelle und verändert ▪ verlängert ▪ verkürzt sie. Der Radioempfänger wählt ▪ sucht ▪ macht die Wellenlänge des gewünschten Radioprogramms aus, demoduliert sie, bekommt ▪ verstärkt ▪ kriegt die gewonnenen elektrischen Signale und wandelt sie mithilfe des Lautsprechers wieder in Schallwellen um.

2 Der Text aus Aufgabe 1 enthält eine Reihe von Fachwörtern. Unterstreiche sie und schlage jene in einem Lexikon nach, die du nicht kennst.

3 Für die Beschreibung eines Vorgangs ist die Reihenfolge der einzelnen Teilvorgänge entscheidend. Unterstreiche die Wörter, Wortgruppen oder Teilsätze, die den zeitlichen Ablauf verdeutlichen.

Wie entstehen Farbbilder in einem Buch?

Um ein Farbbild im 4-Farben-Offsetdruck wiedergeben zu können, müssen die Bilddaten (aus einer Digitalkamera oder von einem Scanner) in die vier Farben Gelb, Cyan, Magenta und Schwarz umgerechnet werden. Diese Daten werden dann im Computer als Datei gespeichert. Zunächst werden die Bilder erst einmal gesondert angedruckt, um so die Korrektheit der Farbwiedergabe zu prüfen. Nachdem notwendige Korrekturen ausgeführt und wiederum überprüft wurden, werden schließlich Offsetfilme und davon Druckplatten (oder inzwischen meist gleich die Druckplatten) hergestellt. Diese Platten werden sodann auf die Zylinder einer Druckmaschine gespannt. Auf seinem Weg durch die Druckmaschine wird das Papier nacheinander mit den Farben Gelb, Cyan, Magenta und Schwarz bedruckt, sodass zum Schluss das Farbbild entsteht.

Beide Texte in diesem Test aus: Bibliothek des Wissens. Kommunikation und Medien. Von der Keilschrift zum Internet. Arena Verlag GmbH, Würzburg, 2002, (Nachrichtenübertragung) S. 55; (Farbbild) S. 32

4 Beschreibe den Weg einer Zeitungsinformation vom Ereignis zum Leser. Betrachte zunächst die schematische Darstellung und beziehe die gegebenen Begriffe und Fachwörter in deine Beschreibung ein

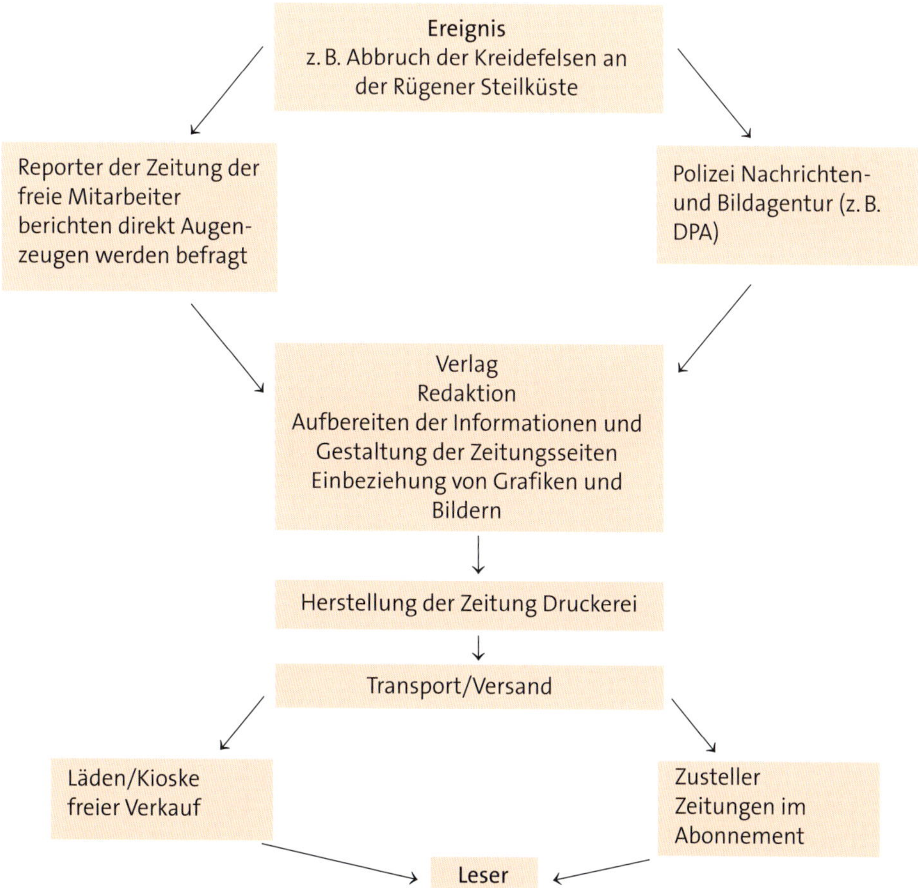

Zu dieser Aufgabe findest du keine vorgegebene Lösung auf → Seite 133, da es verschiedene Lösungsmöglichkeiten gibt.

TEST 2 Entwicklungsprozesse

1 Unterteile diesen Text in Abschnitte und notiere in deinem Heft zu jedem eine Teilüberschrift.

Die Entwicklung des Buchdrucks

Als früheste bekannte Form des Druckens kann man die Verwendung von Siegelsteinen ansehen, die als Ersatz für Unterschriften oder auch für religiöse Symbole verwendet wurden.
Um jedoch Bücher zu vervielfältigen, mussten diese mit Tinte und Feder oder Pinsel von Hand kopiert werden. Handgeschriebene Bücher wurden auch in mittelalterlichen Klöstern produziert und galten als überaus wertvoll.
Bewegliche Metallschrifttypen wurden in Europa zuerst Mitte des 15. Jahrhunderts gegossen und mit einer Druckerpresse auf Papier gedruckt. Johannes Gutenberg aus Mainz gilt traditionell als Erfinder des westlichen Buchdrucks.
Während der Renaissance steigerte der Aufstieg eines wohlhabenden und lesekundigen Bürgertums die Nachfrage nach Lesestoff. So wurden auch die Popularität Martin Luthers und die Verbreitung der Reformation erheblich vom steten Strom gedruckter Flugschriften beeinflusst.
Historisch gesehen wurde die große Mehrzahl der Drucke mit dieser mechanischen Methode hergestellt. Moderne Drucktechniken basieren jedoch zunehmend auf photomechanischen und chemischen Prozessen.

Drucken. Encarta Enzyklopädie Professional 2004, Microsoft

2 Diese Beschreibung ist ungeordnet. Schreibe die Nummern der Sätze so hintereinander in dein Heft, dass ein logisch aufgebauter Text entsteht.

(1) Der Buchdruck, die älteste Form des Druckens, wurde von Johannes Gutenberg um 1440 erfunden. (2) Als Schrifttypen setzte Gutenberg bewegliche Metall-Lettern ein. (3) Ursprünglich bestanden die Druckvorlagen aus Tausenden angeordneter Metalltypen. (4) Die Druckfarbe wurde auf die erhöhten Flächen der Form aufgetragen und danach durch Pressen auf Papier oder Pergament übertragen. (5) So wurden Seiten erstellt, die Text und Graphik enthielten. (6) Einzeln gegossene Buchstaben oder auch Buchstabengruppen bildeten die Typenformen. (7) Holzschnitte und Gravierungen konnten mit Typen kombiniert werden. (8) Er war fünf Jahrhunderte lang das einzig brauchbare Druckverfahren zur Massenproduktion.

Buchdruck. Encarta Enzyklopädie Professional 2004, Microsoft

TEST 3 Gegenstände

1 Im folgenden Text sind eine Reihe charakterisierender Wörter ausgelassen worden. Füge sie wieder sinnentsprechend in den Text ein.

automatisch ▪ einfallenden ▪ eingestellten ▪ elektronische ▪ klassische ▪ lichtdicht ▪ optischen ▪ veränderbar ▪ zwei

Bestandteile eines Fotoapparates

Der ____________ Fotoapparat besteht aus ____________ Hauptbestandteilen: dem Gehäuse und dem Objektiv. Das Gehäuse, in dem sich auch der Film befindet, ist ____________. Es besitzt einen Sucher, mit dem der Ausschnitt des Bildes bestimmt wird, einen Auslöser, einen Spiegel zur Lenkung des Lichts, einen Verschluss, der sich bei Betätigung des Auslösers mit der ____________ Geschwindigkeit öffnet und wieder schließt, und eine Blende, mit der die Menge des ____________ Lichts reguliert werden kann. Das Objektiv besteht aus verschiedenen ____________ Linsen. Oft ist die Brennweite des Objektivs ____________. Heute fotografiert man meist mit Apparaten, bei denen Motoren und ____________ Systeme die Einstellungen ____________ vornehmen.

aus: Bibliothek des Wissens. Kommunikation und Medien. Arena Verlag, Würzburg, 2002, S. 39

2 Welche wesentlichen Bestandteile des Fotoapparates werden beschrieben? Vervollständige die Tabelle.

Oberbegriffe	Gehäuse	
Untergeordnete Bestandteile	Sucher	

3 Der Text enthält einige Erklärungen. Suche sie heraus und unterstreiche sie.

TEST 4 Personen

1 Gleich zu Beginn seiner Geschichte „Der satanarchäolügenialkohöllische Wunschpunsch“ beschreibt Michael Ende den Geheimen Zauberrat Beelzebub Irrwitzer sehr anschaulich.

Seine lange, knochendürre Gestalt steckte in einem faltenreichen Schlafrock aus giftgrüner Seide. (Giftgrün war die Lieblingsfarbe des Geheimen Zauberrates.) Sein Kopf war klein und kahl und sah irgendwie verschrumpelt aus, wie ein vertrockneter Apfel. Auf seiner Hakennase saß eine mächtige, schwarzrandige Brille mit blitzenden Gläsern, die so dick waren wie Lupen und seine Augen unnatürlich vergrößerten. Seine Ohren standen vom Kopf ab wie Henkel von einem Topf, und sein Mund war so schmal, als wäre er ihm mit einem Rasiermesser ins Gesicht geschnitten worden. Alles in allem war er nicht gerade der Typ, zu dem man auf den ersten Blick Vertrauen fassen würde.

Michael Ende. Der Wunschpunsch, K. Thienemanns Verlag, Stuttgart–Wien

a) Kreuze an, welche Merkmale beschrieben werden.

☐ Alter	☐ Nase	☐ Beine
☐ Geschlecht	☐ Mund	☐ Kleidung
☐ Figur	☐ Ohren	☐ Vorlieben
☐ Kopf	☐ Oberkörper	☐ Eigenschaften
☐ Augen	☐ Hände	☐ Wirkung

b) Welche Vergleiche verwendet Michael Ende, um seine Figur besonders anschaulich zu beschreiben?

2 Schreibe einige Fragen auf, die geklärt werden müssten, um die Figur des Beelzebub Irrwitzer nicht nur nach seinem Aussehen zu charakterisieren.

Wie lebt er?

3 Eine andere, sehr bekannte literarische Figur ist Till Eulenspiegel. Fertige eine Beschreibung an und gehe dabei besonders auf charakteristische Eigenschaften und Verhaltensweisen ein.

Lösungen zu Test 1

1 Die grün gekennzeichneten Verben bezeichnen den entsprechenden Sachverhalt am genauesten. Die Unterstreichungen gehören schon zur Lösung 2.

Nachrichtenübertragung von der Radiostation zum Empfänger

In einer Radiostation gibt es ein Tonaufnahmestudio, in dem die Moderatoren und Journalisten arbeiten, sowie eine Technikregie, wo der Tontechniker das Mischpult bedient, die Position der Mikrofone überprüft und CDs und Audiokassetten auflegt. Das Studio ist über ein Kabel mit einer Sendezentrale verbunden. Über die Antenne, die an einem hohen Mast befestigt ist, können sich die Radiowellen ungehindert ausbreiten. Der Sender moduliert die Trägerwelle und verändert sie. Der Radioempfänger wählt die Wellenlänge des gewünschten Radioprogramms aus, demoduliert sie, verstärkt die gewonnenen elektrischen Signale und wandelt sie mithilfe des Lautsprechers wieder in Schallwellen um.

2 Der Text enthält eine Reihe von Fachwörtern aus dem Bereich der Rundfunktechnik, wobei uns die meisten geläufig sind. Vergleiche dazu die von dir gefundenen Fachwörter mit den unterstrichenen Wörtern im oben stehenden Lösungstext. Möglicherweise musstest du folgende Wörter nachschlagen:
modulieren / demodulieren: Verändern der Schwingungsweite oder der Frequenz der Trägerwellen durch Signale
Trägerwelle: Radiowellen, die elektrische Signale transportieren können

3 Die unterstrichenen Wörter, Wortgruppen oder Teilsätze verdeutlichen den zeitlichen Ablauf.

Wie entstehen Farbbilder in einem Buch?

Um ein Farbbild im 4-Farben-Offsetdruck wiedergeben zu können, müssen die Bilddaten (aus einer Digitalkamera oder von einem Scanner) in die vier Farben Gelb, Cyan, Magenta und Schwarz umgerechnet werden. Diese Daten werden dann im Computer als Datei gespeichert. Zunächst werden die Bilder erst einmal gesondert angedruckt, um so die Korrektheit der Farbwiedergabe zu prüfen. Nachdem notwendige Korrekturen ausgeführt und wiederum überprüft wurden, werden schließlich Offsetfilme und davon Druckplatten (oder inzwischen meist gleich die Druckplatten) hergestellt. Diese Platten werden sodann auf die Zylinder einer Druckmaschine gespannt. Auf seinem Weg durch die Druckmaschine wird das Papier nacheinander mit den Farben Gelb, Cyan, Magenta und Schwarz bedruckt, sodass zum Schluss das Farbbild entsteht.

Lösungen zu Test 2

1 Die Abschnitte entsprechen den Absätzen des Textes, in denen jeweils ein Aspekt, ein Teilschritt, dargestellt wird.

1. Absatz: Verwendung von Siegelsteinen als früheste Form des Druckens (Zeilen 1 bis 3)

2. Absatz: Vervielfältigung von Büchern durch handschriftliche Kopien u. a. in mittelalterlichen Klöstern (Zeilen 4 bis 6)

3. Absatz: Erfindung des Buchdrucks mit beweglichen Lettern durch J. Gutenberg (Zeilen 7 bis 9)

4. Absatz: Wachsende Verbreitung gedruckter Schriften (Zeilen 10 bis 13)

5. Absatz: Weiterentwicklung der Drucktechnik (Zeilen 15 bis 16)

2 Die Beschreibung ist in der gezeigten Anordnung der Sätze folgerichtig aufgebaut.

(1) Der Buchdruck, die älteste Form des Druckens, wurde von Johannes Gutenberg um 1440 erfunden. (8) Er war fünf Jahrhunderte lang das einzig brauchbare Druckverfahren zur Massenproduktion (2) Als Schrifttypen setzte Gutenberg bewegliche Metall-Lettern ein. (3) Ursprünglich bestanden die Druckvorlagen aus Tausenden angeordneter Metalltypen. (6) Einzeln gegossene Buchstaben oder auch Buchstabengruppen bildeten die Typenformen. (4) Die Druckfarbe wurde auf die erhöhten Flächen der Form aufgetragen und danach durch Pressen auf Papier oder Pergament übertragen. (7) Holzschnitte und Gravierungen konnten mit Typen kombiniert werden. (5) So wurden Seiten erstellt, die Text und Graphik enthielten.

Lösungen zu Test 3

1 Der klassische Fotoapparat besteht aus zwei Hauptbestandteilen: dem Gehäuse und dem Objektiv. Das Gehäuse, in dem sich auch der Film befindet, ist lichtdicht. Es besitzt einen Sucher, mit dem der Ausschnitt des Bildes bestimmt wird, einen Auslöser, einen Spiegel zur Lenkung des Lichts, einen Verschluss, der sich bei Betätigung des Auslösers mit der eingestellten Geschwindigkeit öffnet und wieder schließt, und eine Blende, mit der die Menge des einfallenden Lichts reguliert werden kann. Das Objektiv besteht aus verschiedenen optischen Linsen. Oft ist die Brennweite des Objektivs veränderbar. Heute fotografiert man meist mit Apparaten, bei denen Motoren und elektronische Systeme die Einstellungen automatisch vornehmen.

2 Folgende wesentliche Bestandteile des Fotoapparates werden beschrieben.

Oberbegriffe	Gehäuse	Objektiv
Untergeordnete Bestandteile	Sucher Auslöser Spiegel Verschluss Blende	Optische Linsen

3 Vergleiche deine Unterstreichungen mit denen im Lösungstext oben. Häufig werden Relativsätze verwendet, um Erklärungen anzufügen. (→ Seite 49, Kapitel 5)

Für alle Beschreibungen gilt:
- Fasse dich so kurz wie möglich.
- Beziehe alle wesentlichen Merkmale bzw. wichtigen Teilvorgänge in einer logischen Reihenfolge ein.
- Formuliere exakt und nutze Fachbegriffe, soweit es nötig und möglich ist.

Lösung zu Test 4

1 a) Im Textauszug wurden viele verschiedene Merkmale beschrieben. Dabei hat sich der Autor besonders darauf beschränkt, was man auf den ersten Blick wahrnehmen kann, also auf die äußere Erscheinung.

☐ Alter	☒ Nase	☐ Beine
☐ Geschlecht	☒ Mund	☒ Kleidung
☒ Figur	☒ Ohren	☒ Vorlieben
☒ Kopf	☐ Oberkörper	☐ Eigenschaften
☒ Augen	☐ Hände	☒ Wirkung

b) Michael Ende verwendet zur anschaulichen Beschreibung neben Vergleichen mit „wie“ und „als“ auch zusammengesetzte Adjektive, die Vergleiche beinhalten (Metaphern).

knochendürr, faltenreich, giftgrün, schwarzrandig, verschrumpelt wie ein vertrockneter Apfel, so dick wie Lupen, wie Henkel von einem Topf, so schmal, als wäre es ihm mit einem Rasiermesser ins Gesicht geschnitten worden

2 Um die Figur des Beelzebub Irrwitzer näher zu charakterisieren, sollte man auf folgende Fragen näher eingehen. Weitere sind natürlich möglich.

Wie lebt er? Welche Fähigkeiten und Interessen hat er? Welche besonderen Charakterzüge hat er? Wie verhält er sich in bestimmten Situationen? Welche Wünsche und Ziele hat er?

3 Über Till Eulenspiegels Aussehen ist wenig bekannt. Also geht es vor allem darum, charakteristische Eigenschaften und Verhaltensweisen zu beschreiben.

Till Eulenspiegel ist einer der bekanntesten Schelme und Narren, über den viele Geschichten erzählt werden. Er ist gescheit und spaßig und spielt vor allem den Menschen lustige und manchmal derbe Streiche, die sich für etwas Besseres halten und auf Kosten anderer leben. Somit sind oft Handwerksmeister und Kaufleute, aber auch Adlige und Geistliche die Zielscheibe seines Spotts. Dabei entstehen komische Situationen häufig dadurch, dass Till Eulenspiegel alles wörtlich nimmt und damit die Menschen lächerlich macht.

12 Schilderung

1 Begriff

Das Wort „schildern" geht auf das niederdeutsche Wort „schilderen" = „ein Wappenschild bzw. ein Wappen malen" zurück.
Etwas „schildern" bedeutet, ein **anschauliches, lebendiges Bild** von etwas oder jemandem zu vermitteln.
Ein Sprecher oder Schreiber stellt Eindrücke und Stimmungen dar, die er in einer bestimmten Situation oder an einem besonderen Ort als bedeutsam und beeindruckend erlebt hat.

2 Anliegen

Der Leser (Adressat) der Schilderung soll nicht in erster Linie erfahren, was genau geschehen ist, sondern wie das Geschehene auf den Schreiber gewirkt hat. Dazu ist eine enge Verknüpfung zwischen **Wahrnehmung und Wirkung** (Was nehme ich wahr und wie wirkt es auf mich?) besonders wichtig.
Um Eindrücke oder Stimmungen anschaulich und für den Adressaten nachvollziehbar abfassen zu können, kommt der Darstellung der Einzelheiten eine besondere Bedeutung zu.
Deshalb sollte der Gesamteindruck aus Teileindrücken aufgebaut werden.

3 Gliederung

Eine Schilderung wird wie jeder Aufsatz in Einleitung, Hauptteil und Schluss gegliedert.
Dabei gibt es verschiedene Möglichkeiten der Gestaltung.

Du kannst in der **Einleitung** zum Geschehen hinführen, indem du Ort, Zeit und die beteiligte Personen einführst. Anschließend gestaltest du im **Hauptteil** eindrucksvoll deine Stimmung bzw. deinen Eindruck. Im **Schluss** lässt du das Geschehen ausklingen.

Du kannst aber auch bereits in der Einleitung mit einer eindrucksvollen Szene beginnen und mit diesem „Paukenschlag" das Interesse des Lesers wecken. Im sich anschließenden **Hauptteil** gestaltest du das weitere Erleben in seinen Höhen und Tiefen. Zum **Schluss** kannst du das Geschehen im Gegensatz zur Einleitung „sanft" ausklingen lassen.

4 Sprachliche Mittel

Um die Eindrücke besonders anschaulich und überzeugend darzustellen, verwendet man in der Schilderung **treffende Adjektive und Verben** (*schlendern* oder *hasten* statt *laufen*) und bezeichnet sich wiederholende Begriffe mit unterschiedlichen Wörtern. Auch weitere sprachliche Mittel wie der Vergleich (*Der Himmel sah aus, als blute er*) oder die Hyperbel (*Meer von Tränen*) helfen, Eindrücke anschaulich wiederzugeben. Dabei muss man darauf achten, dass die sprachlichen Mittel auch angemessen eingesetzt werden. So sollte etwa nicht in jedem Satz ein Vergleich benutzt werden.
Eine Schilderung wird in der Regel im Präsens abgefasst.

5 Eine Schilderung schreiben

Wenn du eine Schilderung schreibst, kannst du folgendermaßen vorgehen:

- Versetze dich in die Situation (Was sieht man? Was hört man? Was empfindet man? Welche Gedanken hat man?)
- Notiere Einzelheiten und charakteristische Eindrücke in Stichworten.
- Ordne anschließend deine Notizen mit dem Ziel, ein anschauliches Gesamtbild aufzubauen (Unwichtiges wegstreichen, Fehlendes ergänzen; vorherrschendes Gefühl herausstellen).
- Achte darauf, dass die geschilderte Situation räumlich und zeitlich begrenzt bleibt. (Es geht um die Darstellung *eines* Eindrucks bzw. *einer* Stimmung.)
- Jetzt verfasse einen ersten Entwurf. Achte darauf, dass der Leser die Situation nacherleben bzw. nachempfinden kann.

6 Eine Schilderung überarbeiten

Abschließend sollte der eigene Text kontrolliert und, falls notwendig, überarbeitet werden. Die folgenden Fragen können dir dabei helfen.

- Wird das Geschehen verständlich, d. h. in einer vom Leser nachvollziehbaren Reihenfolge erzählt?
- Wo kann man durch Einfügungen die Geschichte spannender machen?
- Sind die Sätze richtig gebaut?
- Ist die stilistische Gestaltung überzeugend (treffende Wortwahl)?

TEST 1 Merkmale einer Schilderung

1 In den folgenden beiden Texten geht es um Meeresnacktschnecken. Welche Unterschiede in der Darstellung fallen dir auf? Notiere deine Antworten im Heft.

Text A

Nachts, wenn der Schleier der Dunkelheit über dem Ozean liegt, verwandelt sich das Riff in einen Laufsteg. In eine Showbühne für die Schönsten der Schönen! Die Spanische Tänzerin schwebt in einem feuerroten Mantel über die Korallen. Eine andere Diva trägt ein Leopardenkostüm mit weißer Spitze.
Nun ja, zugegeben: Die Supermodels sind oft nicht größer als ein kleiner Finger. Und sie führen ihre Gewänder auch lediglich im Schneckentempo vor. Was ganz natürlich ist, denn es sind Meeres-nacktschnecken. ... Ob neon-pinkfarbenes Stachelkleid mit weißen Punkten oder blaues Streifenmuster auf zitronengelbem Untergrund: Jede noch so schrille Mode ist erlaubt in der 5000 Arten umfassenden Familie der Nacktkiemer.

Geolino Nr. 2, Februar 2007, S. 17 f.

Text B

Nacktschnecken, landbewohnende und marine Schnecken, deren Schale weitgehend zurückgebildet ist oder völlig fehlt. Die meeresbewohnenden Nacktschnecken gehören zur Unterklasse der Hinterkiemer, sie sind statt durch ein Gehäuse durch auffallende Warnfärbungen, Sekrete und Nesselkapseln geschützt.

aus: Microsoft® Encarta® Enzyklopädie Professional 2005.

2 Welche sprachlichen Mittel werden in den Texten verwendet? Notiere sie am Rand.

TEST 2 Verwendung sprachlicher Mittel

Eine Schilderung „lebt“ von ihrer Anschaulichkeit. Diese Übungen sollen dir helfen, anschaulich und abwechslungsreich zu formulieren.

1 Eine Möglichkeit, anschaulich zu formulieren, ist die Verwendung der wörtlichen Rede. Doch bereits die Einleitung der wörtlichen Rede kann man verschieden gestalten. Finde weitere Beispiele.

sagte sie	antwortete er	flüsterte er
meinte sie	erwiderte er	schrie er

2 Streiche die unpassenden Wörter bzw. Wortgruppen durch.

a) Der Dieb ging ▪ rannte ▪ spazierte mit der Beute in der Hand die Straße entlang.

b) Traurig ging ▪ schlich ▪ stürmte Teresa durch den Park.

c) Tobias hatte Angst vor dem schwarzen ▪ finsteren ▪ dunklen Keller.

d) Mareike bewunderte die bunten Blumen im Garten ▪ die üppige Farbenpracht im Garten ▪ die bunte Wand im Garten.

e) Die Dielen knarren ▪ ächzen ▪ klappern.

3 Drücke die Gefühle der Personen anschaulicher aus.

a) Frank ist aufgeregt. – Frank zittert vor Aufregung.

b) Laura freut sich.

c) Franziska freut sich.

d) Florian ärgert sich.

e) Beate ist traurig.

f) Fabian ist wütend.

g) Sabine ist ängstlich.

TEST 3 Die Sprache der Schilderung

1 Vergleiche die folgenden Sätze. In welchem Satz wird die Situation anschaulicher dargestellt?

a) Die Sonne, die schon seit Tagen Feuchtigkeit aufsaugt, wird allmählich von schweren, dicken Wolken verdeckt, die langsam westwärts ziehen.

b) Schwere, dunkle, westwärtsziehende Wolken schieben sich wie eine Mauer langsam vor die Sonne, die schon seit Tagen alle Feuchtigkeit aus der Erde saugt.

2 Unterstreiche in den Sätzen die Verben und vergleiche deren Verwendung. Was fällt dir auf?

3 Vergleiche die folgenden Satzpaare und bilde selbst weitere Sätze.

- Die Maus wird vom blitzschnell zupackenden Habicht gefressen.
- Plötzlich fällt der Habicht in steilem Flug herab, und seine scharfen Krallen graben sich in das Fell der Maus.

a) Der Schüler wird vom Regen überrascht.

b) Nach dem Gewitterguss scheint die Sonne wieder.

c) Der See wird vom Mondlicht beschienen.

d) Ich fürchte mich im dunklen Wald.

4 Durch welche sprachlichen Mittel wirkt dieser Textausschnitt von Hermann Hesse so anschaulich? Kennzeichne und benenne sie. Nutzt dazu die rechte Spalte.

Wenn der Föhn nahe ist, spüren ihn viele Stunden voraus Männer und Weiber, Berge, Wild und Vieh. Sein Kommen, welchem fast immer kühle Gegenwinde vorausgehen, verkündigt ein warmes, tiefes Sausen. Der blaugrüne See wird in ein paar Augenblicken tintenschwarz und setzt plötzlich hastige, weiße Schaumkronen auf. Und bald darauf donnert er, der noch vor Minuten unhörbar friedlich lag, mit erbitterter Brandung wie ein Meer ans Ufer. Zugleich rückt die ganze Landschaft ängstlich nah zusammen. Auf Gipfeln, die sonst in entrückter Ferne brüten, kann man jetzt die Felsen zählen, und von Dörfern, die sonst nur als braune Flecken im Weiten lagen, unterscheidet man jetzt Dächer, Giebel und Fenster. Alles rückt zusammen, Berge, Matten und Häuser, wie eine furchtsame Herde. Und dann beginnt das grollende Sausen, das Zittern im Boden. Aufgepeitschte Seewellen werden streckenweit wie Rauch durch die Luft dahingetrieben, und fortwährend, zumal in den Nächten, hört man den verzweifelten Kampf des Sturmes mit den Bergen.

Hermann Hesse: Lesebuch. Suhrkamp, Frankfurt a. M.

5 Finde weitere Ausdrücke für die folgenden Wörter.

starker Wind	heftiger Wind; kräftiger Wind; …
schnell	
furchtsam	
fröhlich	
wütend	
nachdenklich	

TEST 4 Eine Schilderung schreiben

Jetzt versuche selbst eine Schilderung zu schreiben. Die folgenden Schritte helfen dir dabei.

1 Vergegenwärtige dir folgende Situation und fülle anschließend die Tabelle aus. An einem regnerischen Tag fährst du mit dem Fahrrad von der Schule nach Hause. Nach der halben Wegstrecke wird der Regen kräftiger. Dazu kommt noch, dass du durch ein vorbeifahrendes Auto nass gespritzt wirst.

Was sieht man?	
Was hört man?	
Was empfindet man?	
Welche Gedanken hat man?	

2 Vorbereitend auf eine Schilderung ist die Gesamtsituation in „Etappen“ zu gliedern, wir schlagen folgende Unterteilungen vor:

1 Fahrt von der Schule bei leichtem Regen

2 Regen wird kräftiger

3 Ein vorbeifahrendes Auto spritzt mich nass

Formuliere zu diesen Etappen Teileindrücke:

1

2

3

3 Fasse deine Teileindrücke jetzt in einem Gesamteindruck zusammen.

4 Fertige weitere Stichworte zur Schilderung der Situation im Heft an. Gehe dabei entsprechend der Regel 5 → Seite 138 vor.

> Nun kannst du einen ersten Entwurf der Schilderung ins Heft schreiben. Lies ihn anschließend deiner Familie oder deinen Freunden vor. Was sagen sie, hast du anschaulich und lebendig geschrieben?

Lösungen zu Test 1

1 In der Darstellung fallen zwischen Text A und B folgende Unterschiede auf:

Text A: Schildernde Darstellung, um das Leseinteresse zu wecken; eine Fülle an sprachlichen Mitteln wird verwendet, wesentlich sind nicht in erster Linie Aussagen zur Definition der Schnecken sondern zur Wirkung.

Text B: Sachliche Darstellung, Lexikonartikel, Beschränkung auf wesentliche Aussagen.

2 Bei der Untersuchung der sprachlichen (stilistischen) Mittel fällt auf:

Text A

Nachts, (1) *wenn der Schleier der Dunkelheit über dem Ozean liegt*, verwandelt sich (2) *das Riff in einen Laufsteg*. In eine Showbühne für (3) *die Schönsten der Schönen*! Die Spanische Tänzerin schwebt in einem (4) *feuerroten* Mantel über die Korallen. Eine andere (5) *Diva* trägt ein (6) *Leopardenkostüm mit weißer Spitze*. Nun ja, zugegeben: (7) *Die Supermodels sind oft nicht größer als ein kleiner Finger*. Und sie führen ihre Gewänder auch lediglich im Schneckentempo vor. Was ganz natürlich ist, denn es sind Meeresnacktschnecken. ... Ob (8) *neon-pinkfarbenes* Stachelkleid mit weißen Punkten oder blaues Streifenmuster auf (9) *zitronengelbem* Untergrund: Jede noch so schrille Mode ist erlaubt in der 5000 Arten umfassenden Familie der Nacktkiemer

(1) sprachliches Bild; (2) Vergleich; (3) Steigerung; (4) Steigerung; (5) Vergleich; (6) sprachliches Bild; (7) Darstellung eines Gegensatzes; (8) Steigerung und Vergleich; (9) Vergleich

Die Fülle der sprachlichen Mittel unterstreicht den schildernden Charakter des Textes. Möglicherweise hast du auch mehr oder anderes markiert, beispielsweise das Stachelkleid (Metapher), Schneckentempo (Hyperbel). Es geht hier aber nicht um Vollständigkeit, es geht darum, anhand einer ausreichenden Zahl typischer Beispiele zu sehen, was eine Schilderung ausmacht.

Text B

Dieser Text weist keine besonderen sprachlich-stilistischen Mittel auf. Er ist sachlich-nüchtern. Es finden sich beispielsweise keine bildlichen Vergleiche, keine Steigerungen und dergleichen.

Lösungen zu Test 2

1 In der Tabelle findest du Beispiellösungen. Viele weitere Formulierungen sind möglich.

sagte sie	antwortete er	flüsterte er
meinte sie	erwiderte er	schrie er
sprach sie	entgegnete er	flüsterte er
äußerte sie	widersprach er	wisperte er
stimmte er zu	knurrte er	

2 Die angemessenste Formulierung ist hier grün eingesetzt .

a) Der Dieb rannte mit der Beute in der Hand die Straße entlang.
b) Traurig schlich Teresa durch den Park.
c) Tobias hatte Angst vor dem finsteren Keller.
d) Mareike bewunderte die üppige Farbenpracht im Garten.
e) Die Dielen ächzen .

3 Hier findest du Formulierungsmöglichkeiten.

a) Frank zittert vor Aufregung
b) Laura strahlt über das ganze Gesicht.
c) Franziska macht vor Freude einen Luftsprung.
d) Florians Augen funkeln vor Zorn.
e) Beate lässt traurig den Kopf hängen.
f) Fabian geht zähneknirschend davon.
g) Sabine schlottern vor Angst die Knie.

Lösungen zu Test 3

1 Der Vergleich der beiden Sätze müsste zu folgendem Ergebnis geführt haben. Satz b) ist anschaulicher gestaltet, er weist gegenüber Satz a) eher die Charakteristik einer Schilderung auf.

2 Satz a): Der Vorgang wird passiv ausgedrückt, denn das Verb wird im Passiv verwendet (Die Sonne ... wird ... verdeckt.).
Satz b): Der Vorgang wird mit einem Verb im Aktiv dargestellt (Schwere ... Wolken schieben sich ... vor die Sonne.).
Anschauliche Verben im Aktiv sind für das Schreiben einer Schilderung unerlässlich.

3 Beispiellösungen:

a) Auf einmal prasselt der Regen in dichten Schwaden nieder und der Schüler hält verzweifelt Ausschau nach einem Unterstand.

b) Plötzlich reißt der Himmel auf, die Sonne verscheucht die letzten dunklen Wolken mit ihrem hellen Strahlen. In leuchtenden Farben kündigt ein Regenbogen vom überstandenen Unwetter.

c) Der Mond wirft sein kaltes Licht über den See, so dass er silbern aufleuchtet.

d) Die dunklen ächzenden Bäume versperren der Sonne den Zutritt, Angst schnürt mir die Kehle zu.

4 Bei der Untersuchung der sprachlichen (stilistischen) Mittel fällt auf:
Wenn der Föhn nahe ist, spüren ihn viele Stunden voraus (1) *Männer und Weiber, Berge, Wild und Vieh*. Sein Kommen, welchem fast immer kühle Gegenwinde vorausgehen, verkündigt ein (2) *warmes, tiefes Sausen*. Der (3) *blaugrüne* See wird in ein paar Augenblicken (4) *tintenschwarz* und setzt plötzlich (5) *hastige, weiße* Schaumkronen auf. Und bald darauf (6) *donnert* er, der noch vor Minuten unhörbar (7) *friedlich* lag, mit (8) *erbitterter Brandung wie ein Meer* ans Ufer. Zugleich (9) *rückt die ganze Landschaft ängstlich nah zusammen*. Auf Gipfeln, die sonst in entrückter Ferne brüten, kann man jetzt die Felsen zählen, und von Dörfern, die sonst nur als braune Flecken im Weiten lagen, unterscheidet man jetzt Dächer, Giebel und Fenster. (10) *Alles rückt zusammen, Berge, Matten und Häuser, wie eine furchtsame Herde*. Und dann beginnt (11) *das grollende Sausen*, das Zittern im Boden. (12) *Aufgepeitschte Seewellen* werden streckenweit (13) *wie Rauch durch die Luft*

dahingetrieben, und fortwährend, zumal in den Nächten, hört man (14) *den verzweifelten Kampf des Sturmes mit den Bergen*.

(1) Aufzählung; (2–5) Adjektive erhöhen die Bildhaftigkeit des Textes; (6–7) Darstellung eines Gegensatzes; (8) Vergleich; (9) Personifizierung; (10) Vergleich; (11) Partizipien, (12) Partizipien; (13) Vergleich; (14) Personifizierung

5 Hier findest du Beispiele für weitere Ausdrücke.

schnell: hastig; überstürzt; ohne nach rechts oder links zu schauen

furchtsam: erschrocken; verängstigt; mit klappernden Zähnen

fröhlich: lachend; tanzend und springend; vor Freude in die Hände klatschend; jubelnd

wütend: mit zusammengebissenen Zähnen; die Hände zu Fäusten geballt

nachdenklich: abwesend; sinnierend, in Gedanken versunken

Lösungen zu Test 4

1 Hier findest du eine Beispiellösung.

Was sieht man?	Eine Wand aus Regen; graue Wolken; Pfützen; spritzendes Wasser
Was hört man?	Klatschen auf dem Fahrradhelm; rauschen;
Was empfindet man?	Nässe; Unwohlsein; Wut; Ärger; Kälte
Welche Gedanken hat man?	Schnell nach Hause!; Warum muss es ausgerechnet jetzt regnen?; Kann der Autofahrer denn nicht aufpassen?

2 Wenn du dem Vorschlag zur Einteilung gefolgt bist, so könntest du auf folgende Teileindrücke kommen:
1 Ärger über das Wetter; Hoffnung, dass der Regen nicht stärker wird
2 Ärger; Nässe; Unwohlsein
3 Wut; Verzweiflung

3 Der Gesamteindruck könnte folgendermaßen formuliert werden.
Ärger und Wut über das Wetter und den Autofahrer

4 Folgende Stichworte könnten ergänzt werden.
- Unsicherheit, ob das Wetter sich halten wird.
- Ich versuche, möglichst schnell nach Hause zu kommen.
- Die grauen Wolken werden immer dichter und dunkler, als wenn die Erde versinken will.
- Warum muss es gerade jetzt wie aus Eimern gießen?
- Ich weiche durch, die Jacke lässt das Wasser des Regens durch. Mir wird kalt.
- Ich muss an einer großen Pfütze vorbei und hoffe, dass kein Auto kommt.
- Plötzlich höre ich das Geräusch eines Autos – Verzweiflung.
- Das Wasser spritzt mir bis ins Gesicht und läuft mir in den Kragen der Jacke.
- Voller Verzweiflung mit viel Wut im Bauch trete ich in die Pedale, ach wäre ich doch mit dem Bus gefahren.

13 Berichten

1 Allgemeine Merkmale

Der Bericht ist wie die Beschreibung eine Form der **sachlichen** Darstellung. Er dient der genauen und zuverlässigen Information und soll Fakten, Tatsachen und Ereignisse wahrheitsgetreu und sachlich wiedergeben.
Der Zweck und der Adressat bestimmen Umfang und Form des Berichts.

2 Arten

Wir unterscheiden **ausführliche und knappe Berichte**, die sich in verschiedenen Bereichen finden lassen, etwa Unfallberichte, Zeugenberichte, Wetterberichte, Sportberichte oder auch Veranstaltungsberichte.
Eine besonders knappe Form ist die **Meldung**.
Eine weitere Sonderform des Berichts stellt das **Protokoll** dar.

3 Inhalt

In einem Bericht wird entweder Auskunft über bereits Geschehenes gegeben, dann verwendet man die Tempusform Präteritum, oder es werden grundsätzliche Sachverhalte bzw. noch andauernde Ereignisse dargestellt. In diesem Fall wird die Tempusform Präsens verwendet.
Entscheidend ist die Orientierung an den **W-Fragen**.

- **W**er ist beteiligt?
- **W**as ist geschehen?
- **W**ann ist es geschehen?
- **W**o ist es geschehen?
- **W**ie ist das Geschehen abgelaufen?
- **W**arum ist es geschehen?
- **W**elche Folgen gibt es?

4 Sprachliche Gestaltung

Die genaue Darstellung erfordert:

- Exakte Angaben (Ort, Zeit, Namen ...)
- Einhaltung der sachlich korrekten und logischen Reihenfolge
- Sachliche, nüchterne, klare Sprache ohne Ausschmückungen
- Treffende Wortwahl

- Keine wörtliche Rede
- Oft Nominalstil, d. h. Wiedergabe von Informationen durch Substantive und gegebenenfalls Attribute anstatt der Verwendung von Gliedsätzen

5 Zeitungsberichte

Die in den Zeitungen veröffentlichten **Nachrichten** sind kurze Berichte und geben tatsachenbestimmte Informationen über einen Sachverhalt in einer kurzen, präzisen Sprache.
Der **Zeitungsbericht** ist eine journalistische Mitteilungsform, die über die knappe Nachricht hinaus detaillierte Informationen **(Sachbericht)** und gegebenenfalls auch kommentierende Elemente enthält **(Erlebnisbericht)**.
Die **Meldung** ist die nachrichtliche Kurzform des Berichts und beschränkt sich auf die knappste Beantwortung der wichtigsten W-Fragen.

6 Protokoll

Protokolle werden in vielen Bereichen des Lebens angefertigt, z. B. bei Sitzungen, Veranstaltungen, Diskussionen, bei Gerichtsverhandlungen, auf Tagungen und auch im Unterricht, insbesondere bei Experimenten.
Mithilfe des Protokolls ist zu einem späteren Zeitpunkt nachprüfbar, worüber gesprochen und was beschlossen wurde. Für die Richtigkeit der gemachten Angaben bürgt der Protokollant mit seiner Unterschrift.
Es gibt auch beim Protokoll eine ausführliche und eine knappe Form.

1. Das **Verlaufsprotokoll** stellt den genauen Verlauf eines Ereignisses dar. Hier wird festgehalten, was in welcher Reihenfolge konkret passiert ist und was gesagt wurde.
2. Das **Ergebnisprotokoll** konzentriert sich auf die Ergebnisse eines Ereignisses und hält diese in knapper Form nach verschiedenen Themenaspekten geordnet fest.

Auf der CD findest du die äußere Form des Protokolls.

TEST 1 Sachliche und persönliche Texte

1 Vergleiche die beiden folgenden Texte über eine Fahrt nach Paris. Worin unterscheiden sie sich? Unterstreiche dazu auch in jedem Text die Wörter und Wortgruppen, die die W-Fragen genau beantworten. (→ Seite 150, Nr. 3)

Text A

Schon zum wiederholten Male fuhren Schüler der zwölften Klasse unserer Schule im Juni 2006 im Rahmen einer Studienfahrt nach Paris. Auf dem Programm stand die Besichtigung des Musee d'Orsay, des Eiffelturms, des Louvres und anderer Sehenswürdigkeiten. Die im Anschluss an die Fahrt entstandenen Schülerarbeiten können ab sofort in der Schule besichtigt werden.

Text B

Wir, ein Teil der ehemaligen 12. Klasse, machten uns im Juni 2006 auf nach Paris, wo schon Heinrich Heine, Vincent van Gogh und andere Künstler waren. Wenn man sich Paris vorstellt, dann hat man kleine Cafés und Häuser mit zahlreichen Balkons vorm geistigen Auge. Und so war es dann auch.
Unter anderem haben wir den Invalidendom, in dem der Sarkophag von Napoleon aufbewahrt wird, das Musee d'Orsay, dessen Gebäude früher ein Bahnhof war, den Triumphbogen, um den wir mindestens fünfmal herum gefahren sind und dennoch seine wahre Größe nicht erfassen konnten, und den Louvre, in dem die Mona Lisa von Leonardo da Vinci ausgestellt ist, besucht. Und natürlich, nicht zu vergessen, waren wir am bzw. auf dem Eiffelturm, dem Symbol von Paris, welcher 1889 für eine Weltausstellung von Gustav Eiffel erbaut wurde. Er ist wahrhaftig ein Monstrum aus Stahl, aber mit einem faszinierenden Ausblick. In der Nacht wird der Turm beleuchtet und glitzert zu jeder vollen Stunde – einfach nur bezaubernd.

Projekte und Studienfahrten. Paris. Aus: Carolinum, Historisch-literarische Zeitschrift. S. 45

2 Formuliere folgende Sachverhalte knapper und präziser, sodass sie sich für einen Bericht eignen.

a) Gleich nachdem wir in der Jugendherberge angekommen waren, holte uns eine Stadtführerin zu einem Rundgang durch die Stadt ab.

b) Am besten gefiel uns, dass wir die alte Burg besichtigten, als es bereits dunkel wurde.

TEST 2 Formulieren eines Berichts

1 Setze die Verben in der richtigen Form ein.

Schwerer Unfall bei Glätte

Wegen unangepasster Geschwindigkeit auf glatter Straße (kommen) es gestern gegen 14.30 Uhr zwischen Roggentin und Granzow zu einem Unfall.

Der junge Fahrer dabei leicht (verletzen), die Freundin schwer. Das Auto, das auf den Vater des Fahrzeugführers (zulassen), von der Straße (abkommen) und frontal gegen einen Baum (prallen). Es (entstehen) Totalschaden.

aus: Nordkurier, Strelitzer Zeitung, 12.2.2007

2 Welche W-Fragen beantwortet der Bericht?
Schreibe die Fragen und die Antworten auf.

3 Formuliere mithilfe der gegebenen Fakten einen Bericht ins Heft.

Was?	„Kibum" – deutschlandweit größte nichtkommerzielle Kinder- und Jugendbuchmesse
Wann?	14. – 28. Februar 2007, täglich 10 – 18 Uhr geöffnet
Wo?	Neuruppin (Ostprignitz – Ruppin), im Alten Gymnasium
Wie?	Werbeaktion: etwa 250 verpackte Bücher auf Parkbänken, in Einkaufszentren, in der Bahn und in Arztpraxen Messe: Ausstellen von 2700 Büchern, CDs und DVDs größtenteils Neuerscheinungen des Jahres 2006 Zeigen von Kinderfilmen Organisation von Lesungen

www.haus-der-literatur.de/newsarchiv/news17.html [17.2.2007]

TEST 3 Zeitungsbericht

1 Der folgende Bericht ist sachlich abgefasst. Dennoch wird an einigen Stellen eine Wertung deutlich.
Lies den Text und markiere diese Stellen. Welche Wirkung soll erreicht werden?

Deo löst Feueralarm aus

Junge Schülerinnen haben sich gestern Morgen in der Jugendherberge in Büsum (Schleswig-Holstein) zu intensiv mit Deodorants eingesprüht und so einen Feueralarm in dem Gebäude ausgelöst. Die wohlriechenden Duft-Schwaden zogen in der Damentoilette in die Decke und aktivierten den dort installierten Brandmelder. Drei Feuerwehrfahrzeuge und ein Streifenwagen rasten zu dem vermeintlichen Unglücksort. „Die jungen Mädchen kommen in Zukunft hoffentlich mit weniger Duftstoffen aus", sagte Polizeisprecher Holger Buttgereit anschließend etwas gereizt.

Aus: Nordkurier, Strelitzer Zeitung, 10./11.2.2007

Welche W-Fragen werden beantwortet?

2 Betrachte bei dieser Nachricht besonders die Verben.
In welcher Form werden sie besonders häufig verwendet und warum?

Bücher ohne Chance

Die Stiftung Lesen befürchtet katastrophale Auswirkungen auf Wirtschaft und Gesellschaft, falls Jugendliche weiter so wenig lesen.
Schon jetzt bekämen 15 Prozent der Lehrstellenbewerber in Deutschland keinen Ausbildungsplatz, weil sie nicht genügend lesen und schreiben könnten, sagte der Geschäftsführer der Stiftung Klaus Ring gestern. Zwischen 1990 und 1995 habe sich das Bücherlesen bei Jugendlichen um 25 Prozent reduziert. Im Durchschnitt läsen die jungen Leute nur neun Minuten am Tag, aber sie verbrächten 136 Minuten vor dem Fernseher. Studien belegten, dass das Buch in „den neuen elektronischen Kinderzimmern" kaum noch eine Chance habe, meinte Ring. Zudem nehme die Zahl der jungen Familien zu, in denen es überhaupt keine Bücher mehr gebe.

Aus: Zeitung in der Schule, Materialien zu den Unterrichtsempfehlungen, IZOP-Institut, Aachen

3 Fasse nun im Heft zusammen, wodurch sich die beiden Beispieltexte unterscheiden.

TEST 4 Protokoll

1 Welche Protokollform ist jeweils geeignet? Kreuze an.

Situation	Verlaufs-protokoll	Ergebnis-protokoll
Ein Schüler verletzt sich im Sportunterricht. Der Unfallhergang muss protokolliert werden.		
Der Schulverein berät darüber, welche Vorhaben im kommenden Schuljahr unterstützt werden sollen.		
Eure Schulklasse besucht eine Gerichtsverhandlung. Die Protokollantin schreibt eifrig mit.		
Du beobachtest einen Auffahrunfall auf dem Schulweg. Ein Polizist bittet dich, deine Beobachtungen zu Protokoll zu geben.		
Deine Sportgruppe diskutiert über das Trainingslager in den Sommerferien.		

2 Lies den Auszug aus dem folgenden Verlaufsprotokoll.

Einstein-Gymnasium Neustadt, 22.1.2007
Diskussion zum Thema: Abendprogramm auf der Klassenfahrt
Anwesende: Klasse 8 c
Protokollant: Max Schmidt

Ablauf:
1. Unsere Klassensprecherin stellt zunächst die durch das Reiseunternehmen vorgeschlagenen Programmpunkte unserer Klassenfahrt vor, die generell befürwortet wurden.
2. Zur Ergänzung werden verschieden zusätzliche Aktivitäten vorgeschlagen. Lisa möchte eine Lesenacht durchführen. Tina und Mark möchten diese mit einer Modenschau und Karaokesingen verbinden. Axel und Tom schlagen ein Tischtennisturnier oder eine Nachtwanderung vor...
23.1.2007 Max Schmidt

a) Zu welcher Thematik wird diskutiert?

b) Welche Ergebnisse wurden erzielt? (Nimm dabei an, dass alle Vorschläge auch angenommen wurden)

Lösungen zu Test 1

1 In beiden Texten werden Informationen zu folgenden W-Fragen gegeben: Wer war wann wo? Was ist geschehen? Text A gibt zusätzlich Antwort auf die Frage nach dem Grund bzw. Zweck des Aufenthalts und nach den Folgen.

Text A ist ein Bericht. Er ist sachlich formuliert, die W-Fragen stehen im Vordergrund.
Schon zum wiederholten Male fuhren Schüler der zwölften Klasse unserer Schule im Juni 2006 im Rahmen einer Studienfahrt nach Paris. Auf dem Programm stand die Besichtigung des Musee d'Orsay, des Eiffelturms, des Louvres und anderer Sehenswürdigkeiten. Die im Anschluss an die Fahrt entstandenen Schülerarbeiten können ab sofort in der Schule besichtigt werden.

Text B ist ein Erlebnisbericht. Er schildert persönlich gefärbt und enthält Zusatzinformationen, die dem Schreiber besonders wichtig sind und die über die Beantwortung der W-Fragen hinausgehen.
Wir, ein Teil der ehemaligen 12. Klasse, machten uns im Juni 2006 auf nach Paris, wo schon Heinrich Heine, Vincent van Gogh und andere Künstler waren. Wenn man sich Paris vorstellt, dann hat man kleine Cafés und Häuser mit zahlreichen Balkons vorm geistigen Auge. Und so war es dann auch.
Unter anderem haben wir den Invalidendom, in dem der Sarkophag von Napoleon aufbewahrt wird, das Musee d'Orsay, dessen Gebäude früher ein Bahnhof war, den Triumphbogen, um den wir mindestens fünfmal herum gefahren sind und dennoch seine wahre Größe nicht erfassen konnten, und den Louvre, in dem die Mona Lisa von Leonardo da Vinci ausgestellt ist, besucht. Und natürlich, nicht zu vergessen, waren wir am bzw. auf dem Eiffelturm, dem Symbol von Paris, welcher 1889 für eine Weltausstellung von Gustav Eiffel erbaut wurde. Er ist wahrhaftig ein Monstrum aus Stahl, aber mit einem faszinierenden Ausblick. In der Nacht wird der Turm beleuchtet und glitzert zu jeder vollen Stunde – einfach nur bezaubernd.

2 Um in einem Bericht die Sätze knapper zu formulieren, verwendet man häufig den Nominalstil anstelle des Verbalstils. Das bedeutet, dass viele Nominalisierungen verwendet werden. In der Lösung findest du diese unterstrichen vor.

a) Unmittelbar nach der Ankunft in der Jugendherberge unternahmen wir einen geführten Stadtrundgang.
b) Am besten gefiel uns die Besichtigung der alten Burg in der Dämmerung.

Lösungen zu Test 2

1 Beim Einsetzen musste auf die richtige Tempusform und auf die korrekte Verwendung von Aktiv oder Passiv geachtet werden. (→ Seite 39, Nr. 6)

Schwerer Unfall bei Glätte

Wegen unangepasster Geschwindigkeit auf glatter Straße kam es gestern gegen 14.30 Uhr zwischen Roggentin und Granzow zu einem Unfall. Der junge Fahrer wurde dabei leicht verletzt, die Freundin schwer. Das Auto, das auf den Vater des Fahrzeugführers zugelassen ist, war von der Straße abgekommen und frontal gegen einen Baum geprallt. Es entstand Totalschaden.

2 Der Bericht gibt in kürzester Form Antwort auf alle wesentlichen W-Fragen.

Was passierte?	ein Unfall
Warum kam es zu dem Unfall?	wegen unangepasster Geschwindigkeit auf glatter Straße
Wann kam es zu dem Unfall?	gestern gegen 14.30 Uhr
Wo passierte der Unfall?	zwischen Roggentin und Granzow
Wer war beteiligt?	ein junger Fahrer und seine Freundin
Wie passierte der Unfall?	das Auto war von der Straße abgekommen und frontal gegen einen Baum geprallt
Welche Folgen hatte der Unfall?	der Fahrer wurde leicht verletzt, die Freundin schwer; am Auto entstand Totalschaden

3 Der Bericht könnte wie folgt formuliert werden:

Kinder- und Jugendbuchmesse „Kibum“

Vom 14. bis 28. Februar 2007 fand im Alten Gymnasium in Neuruppin (Ostprignitz-Ruppin) die deutschlandweit größte nichtkommerzielle Kinder- und Jugendbuchmesse „Kibum“ statt.

Zuvor waren in einer Werbeaktion etwa 250 verpackte Bücher auf Parkbänken, in Einkaufszentren, in der Bahn und in Arztpraxen platziert worden, um das Interesse an der Messe zu wecken.

Auf der Messe, die täglich von 10 bis 18 Uhr geöffnet war, wurden etwa 2700 Bücher, CDs und DVDs präsentiert, größtenteils Neuerscheinungen des Jahres 2006. Zusätzlich wurden Kinderfilme gezeigt und Lesungen organisiert.

Lösungen zu Test 3

1 Der Schreiber drückt an verschiedenen Stellen des Textes seine Meinung aus. Eine Wertung wird sowohl durch die Wortwahl als auch durch die Einbeziehung des Zitats gegeben.

Deo löst Feueralarm aus

Junge Schülerinnen haben sich gestern Morgen in der Jugendherberge in Büsum (Schleswig-Holstein) zu intensiv mit Deodorants eingesprüht und so einen Feueralarm in dem Gebäude ausgelöst. Die wohlriechenden Duft-Schwaden zogen in der Damentoilette in die Decke und aktivierten den dort installierten Brandmelder. Drei Feuerwehrfahrzeuge und ein Streifenwagen rasten zu dem vermeintlichen Unglücksort. „Die jungen Mädchen kommen in Zukunft hoffentlich mit weniger Duftstoffen aus", sagte Polizeisprecher Holger Buttgereit anschließend etwas gereizt.

Die Lächerlichkeit der Situation soll dargestellt werden und Kritik soll daran geübt werden, dass solche Nichtigkeit einen Alarm auslöst und somit viel Geld und Aufregung kostet.

Die folgenden W-Fragen werden beantwortet:
Wer hat was gemacht? Wo und wann ist es passiert?
Wie ist es geschehen? Welche Folgen gab es?

2 Diese Nachricht bezieht sich nicht auf ein vorangegangenes Ereignis, sondern gibt die Ergebnisse einer Studie wieder.

Hier werden besonders häufig Konjunktivformen (bekämen, könnten, habe, läsen, verbrächten, nehme zu, gebe) verwendet, da wiedergegeben wird, was eine Person gesagt hat.

3 Beide Texte sind kurze Nachrichten, die jedoch einen unterschiedlichen Inhalt und daraus folgend eine unterschiedliche Form haben.

	Deo löst Feueralarm aus	Bücher ohne Chance
Inhalt	Knapper Bericht über ein Ereignis (Meldung)	Auswertung einer Entwicklungstendenz, Wiedergabe eines Gesprächs
Form	Perfekt und Präteritum Beantwortung der W-Fragen	Präsens zur Wiedergabe von Tatsachen; Konjunktive zur Wiedergabe der indirekten Rede

Lösungen zu Test 4

1 Die markierte Protokollform ist jeweils die geeignetste.

Situation	Verlaufsprotokoll	Ergebnisprotokoll
Ein Schüler verletzt sich im Sportunterricht. Der Unfallhergang muss protokolliert werden.	✗	
Der Schulverein berät darüber, welche Vorhaben im kommenden Schuljahr unterstützt werden sollen.		✗
Eure Schulklasse besucht eine Gerichtsverhandlung. Die Protokollantin schreibt eifrig mit.	✗	
Du beobachtest einen Auffahrunfall auf dem Schulweg. Ein Polizist bittet dich, deine Beobachtungen zu Protokoll zu geben.	✗	
Deine Sportgruppe diskutiert über das Trainingslager in den Sommerferien.		✗

2 Folgende Schwerpunkte wurden von den Schülern beraten:

a) Thematik :

Wie sollen die Abende in der Jugendherberge gestaltet werden?

b) erzielte Ergebnisse:

Lesenacht, Modenschau, Karaoke, Tischtennisturnier, Nachtwanderung

14 Argumentation

1 Begriff

Ein Argument ist eine **überzeugende Begründung**. Es besteht aus einer Behauptung (These), einer Erläuterung und einem illustrierenden (veranschaulichenden) Beispiel. Argumentieren heißt also, begründet einen Standpunkt darstellen und vertreten.

2 Anliegen

Der Verfasser einer Argumentation hat das Ziel, seinen Ansprechpartner von seinem Standpunkt zu überzeugen.
Ansprechpartner können eine oder mehrere Personen sein, mit der oder denen man sich in einer Diskussion befindet, z. B. in der Klasse, wenn es um das Ziel der nächsten Klassenfahrt geht. Eine Argumentation kann aber auch für eine breitere Öffentlichkeit verfasst werden, z. B. in Form eines Leserbriefes an die Zeitung, in dem man einer Zeitungsnachricht zustimmt oder widerspricht.

3 Gliederung

Eine Argumentation wird wie jeder Aufsatz in **Einleitung**, **Hauptteil** und **Schluss** gegliedert. In der Einleitung sollten Begriffe geklärt und sollte zum Thema der Argumentation hingeführt werden, im Schluss klingt das Thema aus, indem beispielsweise auf die Aktualität verwiesen wird.
Für die Gestaltung des Hauptteils – also der eigentlichen Argumentation – gibt es zwei grundsätzliche Möglichkeiten der Gestaltung.
Man kann die Argumentation mit der Formulierung seines zu beweisenden Standpunktes beginnen und diesen dann durch die Anführung mehrerer Argumente beweisen. Man nennt das die **deduktive Vorgehensweise.**
Eine weitere Möglichkeit besteht darin, mehrere Argumente aufzuführen und zum Abschluss seinen eigenen Standpunkt, der sich deutlich aus den Argumenten ergibt, zu formulieren. Dies wird auch **induktive Vorgehensweise** genannt. Unabhängig von der gewählten Gestaltung muss man darauf achten, dass die Argumente zu Argumentationsketten zusammengefügt werden, d. h. es müssen Übergänge formuliert werden. Außerdem ist es wichtig, dass die Argumente nach ihrer Wichtigkeit angeordnet werden. Entweder beginnt man mit dem überzeugendsten Argument oder man endet damit.

4 Sprachliche Mittel

Eine Argumentation muss **sachlich**, **verständlich** und **treffend** abgefasst werden. These, Erläuterung und Beispiel müssen mithilfe sprachlicher Mittel (Konjunktionen, Adverbien) zu einem Argument verknüpft werden.

5 Argumente

Argumente haben die Aufgabe, einen Standpunkt zu stützen oder ihn zu widerlegen. Deshalb müssen sie sehr überzeugend formuliert werden. Dabei kann man unterschiedliche Arten von Argumenten unterscheiden.

Das **Faktenargument** stützt sich auf nachprüfbare und mehr oder weniger offensichtliche Tatsachen

Das **Autoritätsargument** versucht, mit dem Bezug auf die Meinung oder Äußerung angesehener Personen zu überzeugen.

Die Wahl der Art des Arguments ist abhängig vom Ansprechpartner. Welches Argument ist besonders geeignet deinen Adressaten zu überzeugen?

6 Eine Argumentation schreiben

Wenn man eine Argumentation schreibt, sollte man nach folgender Reihenfolge vorgehen:

1. **Analyse des Themas**, d. h. worum geht es? Welche Begriffe müssen geklärt werden? Was wird behauptet, entspricht oder widerspricht es meinem Standpunkt?
2. **Stoffsammlung** – Alle Gedanken, Rechercheergebnisse usw. werden auf einem Zettel notiert.
3. **Gliederung** – Jetzt muss die Stoffsammlung geordnet werden. Fasse deine Gedanken zu Argumenten zusammen. Lege eine Reihenfolge der Argumente fest.
4. **Ausführung** – Nachdem du dir Gedanken zur Einleitung und zum Schluss gemacht hast, kannst du jetzt die gesamte Argumentation schreiben.
5. **Kontrolle** – Lies deine Argumentation kritisch. Überlege, ob deine Argumente verständlich und überzeugend sind. Hast du die einzelnen Argumente folgerichtig miteinander verknüpft? Kontrolliere auch die Rechtschreibung.

TEST 1 Merkmale einer Argumentation

Der ehemalige britische Premierminister Winston Churchill hat mal gesagt: „No Sports." Daran hat er sich auch sein ganzes Leben lang gehalten und er ist nicht schlecht dabei gefahren, denn er ist immerhin 90 Jahre alt geworden.

Allein im letzten Schuljahr kam es an unserer Schule zu zwei Bein- und einem Armbruch während des Sportunterrichts. Man denke nur an Lisa Müller, die drei Wochen mit ihrem gebrochenen Bein die Schule nicht besuchen konnte.

Weiterhin führt der Sportunterricht auch zu hygienischen Problemen. In der knappen Pausenzeit zwischen Sport- und sich anschließendem Fachunterricht schafft man es gerade sich umzuziehen. An eine Dusche ist gar nicht zu denken, wenn man zu spät kommt, meckern schon die Lehrer. Und so stinkt man den Rest des Tages.

Ich plädiere also für eine sofortige Streichung des Faches Sport von der Stundentafel.

1 Lies die oben abgedruckte Meinungsäußerung einer Schülerin. Kennzeichne am Rand des Textes bei den einzelnen Absätzen, ob dort ein Argument oder der Standpunkt der Autorin vorgebracht wird.

2 Welche Arten von Argumenten kannst du erkennen?

3 Welche Form der Gliederung wurde gewählt?

4 Entspricht die sprachliche Gestaltung den üblichen Anforderungen an eine Argumentation?

5 Schätze die Überzeugungskraft dieser Argumentation aus deiner Sicht kritisch ein.

TEST 2 Thesen und Argumente formulieren

1 Formuliere zu den folgenden Behauptungen (Thesen) jeweils eine Gegenthese.

a) Die Verwendung möglichst vieler englischer Wörter in deutschen Texten zeigt das hohe Bildungsniveau des Schreibers.

b) Hausaufgaben sind nichts weiter als der Versuch der Lehrer, die Freizeit der Schüler zu kürzen.

c) Gewaltverherrlichende Computerspiele sind lehrreich, indem sie dem Spieler zeigen, was man nicht tun sollte.

2 In der Tabelle findest du Material zur Formulierung eines Arguments zum Thema „Demokratie in der Schule“. Schreibe zunächst in die rechte Spalte, um welchen Bestandteil eines Arguments es sich handelt (vgl. Regel 1).

Die Identifizierung der Schüler mit ihrer Schule ist eine positive Auswirkung.	
In einer demokratischen Schule gibt es einen funktionierenden Schülerrat.	
Eine Möglichkeit ist die Beteiligung der Schüler an der Planung einer Projektwoche.	
Eine demokratische Schule ist die bessere Schule.	

3 Formuliere nun mit dem Material aus Aufgabe 2 ein Argument.

TEST 3 Sprachliche Mittel

1 Die folgenden Beispielsätze sind nicht so formuliert, dass sie für eine Argumentation gut zu verwenden wären. Benenne den Fehler und berichtige!

a) Fast alle finden Spaß und Unterhaltung am Sportunterricht.

b) Ich bin nicht der Meinung, dass so viele Unfälle passieren. Aber die Unfälle, die passieren, passieren entweder außerhalb der Schule oder die Schüler sind schon vor dem eigentlichen Stundenbeginn in der Halle und dann passiert der Unfall.

c) Ich muss zugeben, dass einige Schüler den Sportunterricht hassen, doch dadurch kriegen sie Kondition.

2 Verknüpfe die folgenden Aussagen durch geeignete Konjunktionen. Arbeite im Heft.

a) Motocross schadet der Umwelt.
Grobstollige Reifen reißen den Waldboden auf.

b) Gewalt verherrlichende Computerspiele müssen verboten werden.
Das Töten von Menschen wird verharmlost.

c) Freunde müssen ehrlich zueinander sein.
Eine Notlüge kann dem Freund helfen.

d) Ein Nationalpark muss für den Menschen gesperrt sein. Viele Touristen kommen in die Nationalparks. Der Massenansturm schädigt die Natur.

TEST 4 Eine Argumentation schreiben

1 Suche aus dem folgenden Text die These heraus und formuliere die Gegenthese.

„Die Jugend liebt heute den Luxus. Sie hat schlechte Manieren, verachtet die Autorität, hat keinen Respekt mehr vor älteren Leuten und diskutiert, wo sie arbeiten sollte. Die Jugend steht nicht mehr auf, wenn Ältere das Zimmer betreten. Sie widerspricht den Eltern und tyrannisiert die Lehrer." (Sokrates)

These:

Gegenthese:

2 Notiere dir erste Gedanken zur Stützung der von dir aufgestellten Gegenthese. Formuliere anschließend ein Argument.

3 Sammle weitere Ideen und formuliere mindestens zwei weitere Argumente in deinem Heft.

Lösungen zu Test 1

1 Der erste Absatz (Zeilen 1 bis 5) bietet wie die Absätze 2 (Zeilen 6 bis 10), und 3 (Zeilen 11 bis 18) je ein Argument. Der vierte Absatz (Zeilen 19 und 20) stellt den Standpunkt der Autorin dar.

2 Im Text findet man folgende Argumente:

Autoritätsargument (Absatz 1) und Faktenargument (Absätze 2 und 3)

3 Die Schülerin hat eine induktive Gliederung gewählt. Die Argumente 1 bis 3 werden zunächst angeführt. Anschließend formuliert die Schülerin ihren eigenen Standpunkt zum Abschluss des Textes.

4 Die Sprache entspricht im Wesentlichen den Anforderungen an eine Argumentation. Allerdings stören umgangssprachliche Elemente, die nicht dem sachlichen Stil entsprechen („ist nicht schlecht dabei gefahren"; „meckern schon die Lehrer"; „so stinkt man")

5 Die Argumentation ist schlüssig und vor allem hinsichtlich des zweiten Arguments (Verletzungen) voller Überzeugungskraft, da hier nachprüfbare Fakten angeführt werden.
(Je nachdem, ob für dich persönlich ein Argument von großer oder geringer Wichtigkeit ist, wird dich solch eine Argumentation mehr oder weniger überzeugen.)

Eine Argumentation ist überzeugend, wenn sie logisch aufgebaut ist. Dabei sollten die Erläuterungen verständlich und die angeführten Fakten nachprüfbar sein.

Lösungen zu Test 2

1 Hier findest du Beispiele für die Gegenthesen. Womöglich hast du aber auch ganz andere Formulierungen gefunden. Hast du darauf geachtet, dass diese sachlich und verständlich sind?

a) Die Verwendung vieler englischer Wörter in deutschen Texten zeigt die nur lückenhafte Beherrschung der deutschen Sprache.
b) Hausaufgaben dienen der Festigung des im Unterricht vermittelten Wissens.
c) Gewaltverherrlichende Computerspiele müssen verboten werden, da sie den Spieler dazu bringen können, sich mit der Gewalt zu identifizieren.

2 Die Tabelle solltest du wie folgt ausgefüllt haben.

Die Identifizierung mit ihrer Schule ist eine positive Auswirkung.	Erläuterung
In einer demokratischen Schule gibt es einen funktionierenden Schülerrat.	Erläuterung
Eine Möglichkeit ist die Beteiligung der Schüler an der Planung einer Projektwoche.	Beispiel
Eine demokratische Schule ist die bessere Schule	Behauptung/These

3 So könnte das fertige Argument lauten.

Eine demokratische Schule ist immer die bessere Schule. Neben einem gut funktionierenden Schülerrat ist eine demokratische Schule auch durch die Identifizierung der Schüler mit ihrer Schule gekennzeichnet. Beispielsweise ist an solchen Schulen die Beteiligung der Schüler an der Planung einer Projektwoche eine Selbstverständlichkeit.

Lösungen zu Test 3

1 In Satz a ist die Wortwahl fehlerhaft.
Vorschlag für eine neue Formulierung:
Vielen meiner Mitschüler macht der Sportunterricht Spaß.

In Satz b gibt es Wiederholungsfehler.
Vorschlag für eine neue Formulierung:
Die Behauptung, dass es im Sportunterricht zu vielen Unfällen kommt, ist falsch, denn häufig verletzen sich die Schüler auch in ihrer Freizeit. Gefährlich ist es allerdings dann, wenn Schüler vor Beginn der Sportstunde allein an den Geräten hantieren oder üben.

Durch die fehlerhafte Formulierung entsteht in Satz c ein falscher Zusammenhang.
Vorschlag für eine neue Formulierung:
Sicherlich zählt nicht für alle Schüler Sport zu ihrem Lieblingsfach, allerdings sollten diese bedenken, dass der Sportunterricht auch ihre Kondition verbessert.

2 Beispiellösungen.

a) Motocross im Wald schadet der Umwelt, da die grobstolligen Reifen den Waldboden aufreißen.
b) Weil das Töten von Menschen verharmlost wird, müssen Gewalt verherrlichende Computerspiele verboten werden.
c) Freunde müssen ehrlich zueinander sein, auch wenn in manchen Situationen eine Notlüge dem Freund helfen könnte.
d) Ein Nationalpark ist ein Anziehungspunkt für Touristen, obwohl zu viele Besucher die Natur schädigen und deshalb Menschen eigentlich keinen Zutritt haben dürften.

Lösungen zu Test 4

1 So könnten These und Gegenthese lauten.
These: Die Jugendlichen brechen mit allen Normen.
Gegenthese: Jede Generation verändert Normen.

2 Beispiellösung: Erste Gedanken

Jede Veränderung in der Technik, Medizin usw. verändert auch das Zusammenleben der Menschen, Stichworte: Industrialisierung, Großstädte, Kleinfamilie.
Gegliedert könnte daraus folgendes Argument formuliert werden:
Große Veränderungen in der Technik oder Medizin haben immer auch Auswirkungen auf das Zusammenleben der Menschen. So hat beispielsweise die Industrialisierung zu einer Konzentration von Menschen in den Städten geführt. Großstädte entstanden. Viele Menschen zogen vom Lande in die Stadt, weil sie Arbeit in den Fabriken fanden. Dadurch veränderten sich aber auch alte Traditionen wie die Großfamilie.

3 Weitere Angebote für eine Stoffsammlung findest du hier.

- Sichtweise der Alten auf die Jungen verzerrt die Perspektive, so verändern sich beispielsweise mit der Zeit bestimmte Gewohnheiten und Interessen.
- Die Jugend sollte immer etwas verändern – Fortschritt, Veränderung entsteht aber nur, wenn man Altes und Bekanntes in Frage stellt und auch abschafft oder überwindet.
- Etwas Altes nicht zu akzeptieren, muss nicht Ungehorsam, sondern kann auch positive Veränderung sein, etwas Altes kann sich unter neuen Verhältnissen als hemmend oder sogar falsch herausstellen.
- Jugend benötigt zu ihrer Entwicklung Freiraum und Vertrauen, dazu gehört auch das Recht, Fehler zu machen. Neue Ideen sollten Akzeptanz finden, Unvoreingenommenheit ist gefordert.
- Leben heißt Veränderung, Stillstand heißt, nicht zu leben.

1 Arbeit mit dem Wörterbuch

Standardwerke zur Schreibung der Wörter der deutschen Sprache, wie z. B. der Duden, geben Auskunft über:

- Schreibung der Wörter
- Silbentrennung
- Betonung
- Bedeutung der Wörter
- Grammatische Merkmale (Endungen im Genitiv, Pluralbildung und grammatisches Geschlecht)

Sie meisen Wörterbücher sind vor allem in folgende zwei Bereiche gegliedert:

- Regelverzeichnis zur Rechtschreibung und Zeichensetzung
- Wörterverzeichnis

Zur Arbeit mit dem Wörterverzeichnis:

- Die Wörter sind alphabetisch geordnet, dabei werden die Umlaute ä, ö, ü und äu wie nicht umgelautete Vokale a, o, u, au behandelt
- Wörter mit gleichem Anfangsbuchstaben werden nach dem zweiten Buchstaben geordnet (aa → ab → ac). Sind weitere Buchstaben vom Beginn des Wortes her identisch, verlagert sich dies Prinzip weiter ins Wortinnere. (z. B. *Schimmel, Schimpanse, Schimpfname, Schinken*)
- Die einzelnen Stichwörter sind **fett** gedruckt

2 Recherchieren

Neben Printmedien (to print = drucken) wie Büchern, Zeitungen und Zeitschriften bietet besonders das Internet eine Fülle von Informationen. Um daraus schnell die geeigneten Seiten zu finden, sollte man Folgendes berücksichtigen.

- Überlege zunächst genau, **was** du wissen willst und formuliere exakte **Suchbegriffe**.
- Nutze **Suchdienste**, wenn dir die genaue Adresse einer Internetseite nicht bekannt ist. Zu den wichtigsten Suchdiensten gehören **Suchmaschinen** wie *www.google.de* oder *www.altavista.de*. Meta-Suchmaschinen wie *www.metager.de* leiten die Anfrage an mehrere Suchdienste weiter. **Internetkataloge** wie *www.yahoo.de* oder *www.web.de* beinhalten von Redakteuren zusammengestellte, thematisch geordnete Dokumente.

- Um die Anzahl der gefundenen Dateien möglichst überschaubar zu halten, ist es oft notwendig, **Suchbegriffe** miteinander zu **verknüpfen**. Dazu nutzt man festgelegte Verbindungswörter *(und, nicht, oder)* oder Zeichen (+, –)
- Zur Bewertung der **Eignung der gefundenen Seiten** und Auswahl der passenden Dateien sollte man auf die Kennzeichnung am Ende der Webadresse schauen. (.de – Deutschland, .com – gewerbliche Anbieter, .edu – Hochschulen, .gov – Regierungsbehörden, .org – Organisationen) Besonders beliebt bei der Informationssuche ist www.wikipedia.de, eine Seite, bei der zunächst jeder nach Belieben und ohne genaue Prüfung Artikel ins Netz stellen kann. Deshalb sollten Informationen aus dieser Quelle besonders kritisch betrachtet werden.
  Verlässliche Informationen bieten dagegen z. B. Universitäten und seriöse Tageszeitungen.

3 Lesetechniken

Vom vollständigen Lesen eines Textes unterscheiden wir das **orientierende Lesen** und das **aufsuchende Lesen.**
Beim orientierenden Lesen kommt es darauf an, sich zügig einen Überblick zu verschaffen und den Sinn des Textes zu erfassen. Dabei achtet man auf vorhandene Teilüberschriften. Manchmal sind Texte auch durch Tabellen und Grafiken ergänzt, dann ist auch auf diese besonders zu achten.
Beim aufsuchenden Lesen liest man den Text unter einem bestimmten Gesichtspunkt genauer, um z. B. eine Antwort auf eine gestellte Frage zu erhalten. Dabei muss man die Aufgabenstellung genau durchdenken, den Text durchlesen und aus jedem Abschnitt die Informationen heraussuchen, die Aussagen zu dem gegebenen Gesichtspunkt enthalten. Diese können wörtlich oder in Form von Stichpunkten aufgeschrieben werden.

4 Zitieren

Was wörtlich aus einem Text wiedergegeben wird, muss durch Anführungszeichen als Zitat gekennzeichnet werden.

5 Quellenangaben

Damit andere die zitierten Aussagen nachprüfen können, ist stets die Quelle genau anzugeben. Bei Zitaten aus Büchern nennt man den Autor, den Buchtitel, den Verlagsort, Verlag, Erscheinungsjahr und evtl. die Auflage sowie die Seitenzahl. – *Jakob und Wilhelm Grimm – Ein Lesebuch für unsere Zeit. Berlin, Aufbau, 1993, S. 24*

Zu einer Internetadresse gehört immer das Lesedatum. – *www.steinau.de/Grimms.html (7.3.2007)*

6 Arbeit am Aufsatz

Die folgende Schrittfolge kann dir bei der Abfassung eines Aufsatzes helfen:

1. Themenanalyse (Was soll ich tun? Soll ich interpretieren, argumentieren, berichten oder beschreiben?)

2. Stoffsammlung (Was schreibe ich? Alles, was zum Thema gehört, wird zunächst ungeordnet aufgeschrieben. Das können erste Textbeobachtungen bei einer Interpretation oder ein erstes Beispiel bei einer Argumentation sein.)

3. Gliederung (Die Stoffsammlung wird geordnet. Was gehört in die Einleitung? Was muss gestrichen werden? Was gehört in den Schluss? Nach welchem Aufbauprinzip werden die Inhalte angeordnet?)

4. Abfassung des Aufsatzes

5. Inhaltliche und formale Korrektur (Kritisches Lesen des Aufsatzes: Ist der Inhalt verständlich? Ist das Thema abgehandelt worden? Gibt es Abschweifungen? Sind die Regeln der deutschen Rechtschreibung und Grammatik beachtet worden?)

7 Aufbau eines Aufsatzes

Jeder Aufsatz ist in Einleitung, Hauptteil und Schluss gegliedert.
Dabei haben diese Teile in der Regel folgende Funktion:

Einleitung: Hinführung zum Thema

Hauptteil: Entfaltung des Themas entsprechend der Darstellungsart (interpretieren, beschreiben, berichten, argumentieren)

Schluss: Ausklang

TEST 1 Arbeit mit dem Wörterbuch

1 Vervollständige die folgende Tabelle. Bei längeren Erklärungen der Wortbedeutung reicht dir hier der Platz vielleicht nicht, dann schreibe bitte in dein Heft.

Alphabetische Reihenfolge	Wort	Wortbedeutung
	Yankee	
	Eskapade	
	Agio	
	Apathie	
	Pluto	
6	Finesse	
	Attaché	
7	human	
	Erratum	
	mutieren	
10	Römer	
	Scherge	

2 Unterstreiche alle im Text versteckten Fehler! Schreibe die Fehlerwörter berichtigt auf. Nutze zur Kontrolle ein Nachschlagewerk.

Ein interesanter Fund

Als man vor Jahren began, die Kapelle des katholischen Friedhofs zu renovieren, machte man einen bedeutenen Fund. In der Spitze des Türmchens war eine längliche Dose verborgen, die einige Schriftstücke und Silbermünzen aus dem Jahre 1786 enthielt. In einem der Dokomente, daß leider in den Jahren recht mürbe geworden ist, finden sich interessante Fakten über Ursachen und Ausmaße früherer Reperaturen. Schon damals wurden solche Arbeiten überwiegend durch Spenden der Kirchengemeinde bezalt. Aufgeführt wird auch die damals erworbende Glocke, die man der Spende eines reichen Gemeindemitgliedes verdankt. Sogar die Namen aller Handwerksmeister, die die Arbeiten ausgeführt haben, sind verzeichnet. Nach dieser Entdeckung hat der heutige Kirchengemeinderat beschlossen, diese Tradition aufzunehmen. Nach Abschluß der Bauarbeiten soll eine Dose mit möglichst vielen Daten an der Pfundstelle hinterlegt werden.

TEST 2 Recherchieren im Internet

1 Zur Vorbereitung auf ein Referat suchst du Informationen über die Deutsche Märchenstraße und das Leben und Werk der Brüder Grimm. Formuliere zunächst die Suchbegriffe und suche dann im Internet geeignete Seiten auf.

2 Bewerte die Eignung der angeführten Internetseiten für das Thema des Referats.

a) http://gutenberg.spiegel.de/autoren/grimm.htm
b) http://www.grimms.de/contenido/cms/front_content.php
c) http://www.deutsche-maerchenstrasse.com/seiten/index.html

3 Die folgenden Quellenangaben sind durcheinander geraten. Bringe sie wieder in die richtige Reihenfolge.

a) Brueder_Grimm//http:wiki/org/de.wikipedia. (17.2.2007)
b) www.info// (12.3.2007) http:grimms-welt
c) (23.1.2007) maerchenstrasse.http:reise-report.//www.de/html

4 Zitiere die unterstrichenen Textpassagen und schreibe sie ins Heft. Verwende passende Einleitesätze.

Märchenhaft, einzigartig und irgendwie verzaubert – in einer solchen Landschaft begegnet man in der Dämmerung so mancher guten Fee. Das dachten sich auch die Brüder Grimm, die 30 Jahre ihres Lebens in Kassel verbracht haben und hier ihre weltberühmten Märchen und Sagen sammelten.

Über zweihundert Texte haben Jacob und Wilhelm Grimm schließlich zusammengetragen, wobei sie – vornehmlich in und von Kassel aus sowohl aus mündlicher Überlieferung als aus schriftlichen Quellen geschöpft haben.

TEST 3 Vorarbeiten für einen Aufsatz (1)

1 Hier findest du einen Teil einer Stoffsammlung zum Thema: **„Ganztagsschule – die bessere Schule?“** Entscheide dich, ob du für oder gegen die Ganztagsschule argumentieren willst.
Ergänze diese Stoffsammlung durch eigene Gedanken.

- Pro: Freiarbeits- oder Hausaufgabenstunden geben dem Schüler die Zeit, seine Schulaufgaben zu erledigen.
- Pro: keine Hausaufgaben nach Schulschluss
- Kontra: Die Hausaufgabenstunden reichen nicht zur Erledigung aller Aufgaben.
- Kontra: Nach dem langen Tag in der Ganztagsschule bleibt kaum Energie für mündliche Hausaufgaben.
- Kontra: Ganztagsschulen ermöglichen den Schülern keine Freizeit mehr.
- Pro: Die Angebote der Ganztagsschule bieten vielfältige Möglichkeiten zur sinnvollen Freizeitgestaltung.
- Kontra: In den Nachmittagsstunden kann man sich kaum noch konzentrieren.
- Pro: Berufstätige Eltern haben abends keine Zeit / keine Energie mehr, um ihrem Kind bei den Hausaufgaben zu helfen – in der Ganztagsschule werden die Hausaufgaben in der Schule unter Aufsicht von Lehrern gemacht.
- Kontra: Ganztagsschulen lassen keine Zeit für außerschulische Aktivitäten wie Musikschule und Sportverein.
-
-
-

2 Entwirf anschließend eine Gliederung in deinem Heft.

3 Schreibe nun die Argumentation.

TEST 4 Vorarbeiten für einen Aufsatz (2)

1 Die folgenden Sätze sind Teil einer Schülerarbeit zur Interpretation der Kurzgeschichte „Nachts schlafen die Ratten doch" von Wolfgang Borchert (→ Seite 98). Sie sind jedoch durcheinander geraten.
Ordne die Sätze der Einleitung, dem Hauptteil und dem Schluss des Aufsatzes zu, indem du den entsprechenden Buchstaben in die Tabelle einträgst.

a) Borchert zeigt in seiner Kurzgeschichte die Situation der Menschen in den ausgebombten Städten in Deutschland. Die Leichen liegen unter Schutt begraben, Ratten durchstreifen die Stadt.

b) Man könnte das Wachehalten als sinnlose Pflichterfüllung oder auch als sinnlosen Liebesbeweis gegenüber dem Bruder interpretieren. So sieht es offensichtlich der Alte. Denn er versucht, den Jungen durch seine Behauptung, die Ratten schliefen nachts, zur Heimkehr zu bringen. Seine Behauptung ist eine Lüge, denn Ratten sind dämmerungs- und nachtaktiv.

c) Das Kaninchen ist Symbol des Lebens, ebenso wie das Grün des Kaninchenfutters. Dagegen steht das Grau der Trümmer.

d) Die Kurzgeschichte berührt den Leser und regt zum Nachdenken an.

e) Der Mann erzählt von seinen Kaninchen, bietet dem Neunjährigen an, sie ihm zu zeigen. Der Junge würde gerne, muss aber aufpassen. Als der Mann sich zum Gehen wendet, verrät der Junge doch noch sein Geheimnis.

f) Das Grün des Kaninchenfutters ist grau vom Staub der Trümmer, aber es ist zumindest etwas grün – wie die Hoffnung.

g) Die Geschichte ist in „Er-Form" aus der Perspektive des Jungen erzählt. Die Gedanken des Jungen, zum Beispiel „Jetzt haben sie mich", werden berichtet. Es handelt sich also um einen personalen Erzähler.

h) Die Geschichte besteht hauptsächlich aus Dialogen. Dabei ist die Verwendung der Umgangssprache charakteristisch für die Trümmerliteratur, zu der diese Geschichte gehört. So spricht der Junge zum Beispiel den unvollständigen, aber realistischen Satz: „Wenn ich eins kriegen kann?".

Einleitung	Hauptteil	Schluss

Lösungen zu Test 1

1

Alphabetische Reihenfolge	Wort	Wortbedeutung
12	Yankee	Spitzname für den US-Amerikaner
5	Eskapade	Reiten: Sprung zur Seite; mutwilliger Streich
1	Agio	Aufgeld (wirtschaftlich)
2	Apathie	Teilnahmslosigkeit, Gleichgültigkeit
9	Pluto	Beiname des Gottes Hades, Gott des Reichtums und des Überflusses
6	Finesse	Feinheit, Kniff
3	Attaché	Anwärter des diplomatischen Dienstes; einer Auslandsvertretung zugeteilter Berater
7	human	menschlich, menschenfreundlich
4	Erratum	Versehen, Druckfehler
8	mutieren	sich spontan im Erbgefüge ändern
10	Römer	bauchiges Kelchglas für Wein
11	Scherge	Vollstrecker der Befehle eines Machthabers

2 Im Text waren folgende Fehlerwörter versteckt. Manchmal musst du eventuell im Wörterbuch nachsehen:

~~interesanter~~ – interessanter
~~began~~ – begann
~~bedeutenen~~ – bedeutenden
~~Dokomente~~ – Dokumente
~~daß~~ – das
~~Reperaturen~~ – Reparaturen
~~bezalt~~ – bezahlt
~~erworbende~~ – erworbene
~~Abschluß~~ – Abschluss
~~Pfundstelle~~ – Fundstelle

Lösungen zu Test 2

1 Auch wenn du den Suchbegriff etwas eingrenzt, findest du sehr viele Internetseiten, aus denen du klug auswählen musst. Zwei besonders geeignete Seiten werden hier als Lösungsbeispiel angegeben.
Deutsche Märchenstraße:
www.deutsche-maerchenstrasse.com
Brüder Grimm+Leben:
z. B. http://www.grimms.de/contenido/cms/front_content.php

2 a) gutenberg.spiegel.de
knappe Information zum Thema, große Textauswahl (Märchen), bedingt geeignet
b) www.grimms.de/contenido/cms/front_content.php
ausführlicher Überblick, sehr gut geeignet
c) www.deutsche-maerchenstrasse.com
gute Übersichtskarte mit Links zu vielen Orten, wesentliche Informationen, aber touristisch orientiert

3 a) http://de.wikipedia.org/wiki/Brueder_Grimm (17.2.2007)
b) http://www.grimms-welt.info (12.3.2007)
c) http://www.reise-report.de/maerchenstrasse.html (23.1.2007)

4 Individuelle Lösung.
Beim Zitieren kommt es auf die korrekte Wiedergabe des zitierten Textausschnitts an und ebenso wie auf die exakte Zeichensetzung.
Eine Musterlösung findest du auf der CD.

Lösungen zu Test 3

1 Weitere Pro-Argumente könnten sein:

- Die Lehrer haben Zeit, sich um die Schülerinnen und Schüler zu kümmern.
- Kooperationsverträge zwischen Schule – Musikschule und Sportvereinen führen dazu, dass die Schüler ihre Freizeitaktivitäten in den Schultag integrieren können (z. B. Musikschulunterricht im Neigungsunterricht).

Weitere Kontra-Argumente könnten sein:

- In meiner Freizeit möchte ich mich mit meinen Freunden treffen und ich will nicht den ganzen Tag mit den Mitschülern verbringen.
- Der lange Schultag macht die Schule zum Zuhause. Das ist deprimierend.

2 Hier findest du einen Gliederungsvorschlag für eine Pro-Argumentation.

- **Einleitung:**
  Klärung Begriff Ganztagsschule: Unterricht und ergänzende Angebote bis in den Nachmittag hinein (meist zwischen 15.30 und 16.00 Uhr Unterrichtsschluss), warmes Mittagessen in der Schule, Betreuung auch am Nachmittag, die meisten Hausaufgaben können in der Schule erledigt werden.
- **Hauptteil:**
  1. Warmes Mittagessen in der Schule – Entlastung für die Eltern.
  2. Die Angebote der Ganztagsschule bieten vielfältige Möglichkeiten zur sinnvollen Freizeitgestaltung – Kooperation mit Musikschule oder / und Sportvereinen sind denkbar.
  3. Verteilung der Unterrichts-, Betreuungs- und Neigungsstunden über den gesamten Schultag – Lehrer haben mehr Zeit – individuelle Förderung der Schüler nach Stärken / Schwächen.
  4. Freiarbeits- oder Hausaufgabenstunden geben dem Schüler die Zeit, seine Schulaufgaben zu erledigen, d.h. keine Hausaufgaben nach Schulschluss – Betreuung durch Lehrer – Hilfe bei Hausaufgaben oder / und Festigung des Unterrichsstoffes.
- **Schluss:**
  – Bedeutung der Diskussion um Ganztagsschule
  – Prognose (Ganztagsschulen werden bald zur Normalität gehören)

2 Individuelle Lösung.

Lösungen zu Test 4

Hier findest du eine mögliche Zuordnung. Beachte dabei, dass die Reihenfolge im Hauptteil unterschiedlich sein kann, je nach gewählter Gliederung, d. h. man kann beispielsweise erst die sprachlichen Mittel und dann die Farbsymbolik untersuchen oder umgekehrt.

Einleitung:

a) Borchert zeigt in seiner Kurzgeschichte die Situation der Menschen in den ausgebombten Städten in Deutschland. Die Leichen liegen unter Schutt begraben, Ratten durchstreifen die Stadt. (Erster Eindruck)

e) Der Mann erzählt von seinen Kaninchen, bietet dem Neunjährigen an, sie ihm zu zeigen. Der Junge würde gerne, muss aber aufpassen. Als der Mann sich zum Gehen wendet, verrät der Junge doch noch sein Geheimnis. (Teil der Inhaltsangabe, kann auch am Beginn des Hauptteils stehen.)

Hauptteil:

g) Die Geschichte ist in „Er-Form" aus der Perspektive des Jungen erzählt. Die Gedanken des Jungen, zum Beispiel „Jetzt haben sie mich", werden berichtet. Es handelt sich also um einen personalen Erzähler. (Erzählperspektive)

c) Das Kaninchen ist Symbol des Lebens, ebenso wie das Grün des Kaninchenfutters. Dagegen steht das Grau der Trümmer.

f) Das Grün des Kaninchenfutters ist grau vom Staub der Trümmer, aber es ist zumindest etwas grün – wie die Hoffnung. (Untersuchungen zur Symbolik)

h) Die Geschichte besteht hauptsächlich aus Dialogen. Dabei ist die Verwendung der Umgangssprache charakteristisch für die Trümmerliteratur, zu der diese Geschichte gehört. So spricht der Junge zum Beispiel den unvollständigen, aber realistischen Satz: „Wenn ich eins kriegen kann?". (Beginn der sprachlichen Untersuchung)

b) Man könnte das Wachehalten als sinnlose Pflichterfüllung oder auch als sinnlosen Liebesbeweis gegenüber dem Bruder interpretieren. So sieht es offensichtlich der Alte. Denn er versucht, den Jungen durch seine Behauptung, die Ratten schliefen nachts, zur Heimkehr zu bringen. Seine Behauptung ist eine Lüge, denn Ratten sind dämmerungs- und nachtaktiv. (Deutung des Textes)

Schluss:

d) Die Kurzgeschichte berührt den Leser und regt zum Nachdenken an. (Abschließender Gedanke)

TEST 1 Sprache und Sprachgebrauch

1 Der folgende Text enthält weder Wort- noch Satzgrenzen. Schreibe ihn in der korrekten Groß- und Kleinschreibung in dein Heft und ergänze alle fehlenden Satzzeichen.

dasschlossindemdornröschenschliefwardersagenachdiesababurgimreinhards waldlangezeitwarsieeineruineundwieimmärchenranktesichumwaldund schlosseinedichtedornenheckeeswirderzähltdiebrüdergrimmseienaufihren wanderschaftenhiervorbeigekommenundeinealtefraudieamrandedesrein hardswaldeswohntehätteihnendiegeschichtevomdornröschenerzählt

2 Unterstreiche alle Nebensätze im Text.

Hier ausnahmsweise schon die Lösung zu Aufgabe 1 ansehen (→ Seite 185) und den Text im Heft gegebenenfalls korrigiert sauber neu schreiben.

Dies ist nötig, da die Aufgaben 2 bis 6 am oder mit dem Text zu erledigen sind.

3 Suche die beiden Konjunktivformen aus dem Text heraus.

4 Ordne je acht Wörter mit kurzem und langem Stammvokal aus dem Text in die Tabelle ein.

kurzer Stammvokal		langer Stammvokal	

5 Suche alle Eigennamen aus dem Text heraus und schreibe sie ins Heft.

6 Schreibe die finiten Verbformen aus dem Text heraus.

7 Unterstreiche alle Verbformen und bestimme sie nach Person, Numerus, Tempus, Modus und Genus.

Kyffhäuser
„Wenn des Kaisers Bart dreimal um den Tisch gewachsen ist, dann wird er wieder aus dem Berg herauskommen, und alles wird gut werden.“ So heißt es in der Sage vom Kaiser Barbarossa, der im 12.Jahrhundert lebte und von dem die Leute glaubten, dass er nicht gestorben sei, sondern im Berg Kyffhäuser weitergelebt habe. „Barbarossa“ ist ein italienischer Name und bedeutet einfach nur „Rotbart“.

8 Im weiterführenden Text sind viele Verbformen falsch. Streiche sie durch und schreibe den Text mit den richtigen Verbformen in dein Heft.

Viele Jahre nach Kaiser Rotbart wird es in Deutschland wieder einen Kaiser mit Bart geben – einem weißen allerdings. Wilhelm I. hatte er geheißen, und er wird seinem berühmten Vorgänger ein Denkmal auf dem Kyffhäuser errichten lassen. Der Weg hinauf zum Denkmal führte vorbei an den Überresten der alten Burg Kyffhausen. Das ist eine riesige Anlage aus mehreren Einzelburgen gewesen. Es wird dort heute ein interessantes Burgmuseum und den tiefsten Burgbrunnen Deutschlands zu sehen geben. Interessante Ausgrabungen hatte auch die Königspfalz Tilleda gezeigt, die am Fuß des Kyffhäuser lag.

TEST 2 Interpretationsaufsatz

1 Lies den folgenden Text mehrmals, erschließe und interpretiere ihn. Berücksichtige dabei die gegebenen Schwerpunkte und erarbeite eine Stoffsammlung.

a) Was erfährst du über Ort und Zeit, die handelnden Personen und den Handlungsverlauf?
b) Bestimme die Erzählperspektive und die Beziehung zwischen Titel und Text.
c) Formuliere eine Interpretationshypothese.
d) Benenne die Textart und begründe die Zuordnung.
e) Welche sprachlich-stilistischen Besonderheiten und welche weiteren formalen Auffälligkeiten sind charakteristisch für den Text?

Das letzte Buch

Das Kind kam heute spät aus der Schule heim. Wir waren im Museum, sagte es. Wir haben das letzte Buch gesehen.

Unwillkürlich blickte ich auf die lange Wand unseres Wohnzimmers, die früher einmal mehrere Regale voller Bücher verdeckt haben, die aber jetzt leer ist und weiß getüncht, damit das neue plastische Fernsehen darauf erscheinen kann.

Ja und, sagte ich erschrocken, was war das für ein Buch?

Eben ein Buch, sagte das Kind. Es hat einen Deckel und einen Rücken und Seiten, die man umblättern kann.

Und was war darin gedruckt? Fragte ich.

Das kann ich doch nicht wissen, sagte das Kind. Wir durften es nicht anfassen. Es liegt unter Glas.

Schade, sagte ich.

Aber das Kind war schon weggesprungen, um an den Knöpfen des Fernsehapparates zu drehen. Die große weiße Wand fing an sich zu beleben, sie zeigte eine Herde von Elefanten, die im Dschungel eine Furt durchquerten. Der trübe Fluss schmatzte, die eingeborenen Treiber schrien. Das Kind hockte auf dem Teppich und sah die riesigen Tiere mit Entzücken an.

Was kann da schon drinstehen, murmelte es, in so einem Buch.

aus: Marie Luise Kaschnitz:Gesammelte Werke, Bd. 3 (Neue Prosa). Insel-Verlag, Frankfurt a.M., 1982

2 Schreibe nun einen Interpretationsaufsatz unter Einbeziehung deiner Vorüberlegungen und Analyseergebnisse.

TEST 3 Argumentationsaufsatz

1 Lies den folgenden Text, kennzeichne am Rand die Gliederung, die einzelnen Argumente und benenne die zum Ausdruck kommende These. Schätze den Text anschließend kritisch ein.

Klimawandel und Windmühlenchaos
In den Zeitungen und Zeitschriften werden immer neue Horrorszenarien entworfen. In wenigen Jahren sollen ganze Landstriche verwüsten, soll das Wasser knapp werden und die Temperatur ansteigen. Soweit die Märchen. Doch schauen wir uns einmal die Realität an. Die Niederschläge in Mitteleuropa nehmen zu statt ab. Die Sommer sind nach wie vor durchwachsen und häufig zu kühl und auch Herbst und Winter sind durch das Temperaturgefälle als Jahreszeiten erkennbar. Wo ist also das Problem? Oder gibt es gar kein Problem? Ist es nur der Wunsch der Windkraftlobby? Wollen diese Menschen weiter unsere Landschaft durch die riesigen stählernden Windmühlen verschandeln? Glaubt wirklich jemand daran, dass wir so unseren Energiebedarf decken können? Oder sollen wir wieder als Höhlenmenschen ohne Strom leben?

These:

Einschätzung:

2 Formuliere die Gegenthese (Hefteintrag).

3 Fertige eine Stoffsammlung zur Unterstützung der Gegenthese im Heft an.

4 Fasse deine Gedanken zu Argumenten zusammen und schreibe eine Argumentation zur von dir aufgestellten Gegenthese ins Heft.

Lösungen zu Test 1

Für jede Antwort gibt es so viele Punkte wie du Häkchen ✔ siehst.
Für Aufgaben, in denen viele Punkte zu vergeben sind, steht die mögliche Zahl vor dem Haken. Notiere die erreichte Punktzahl am Seitenrand.

/31 **1** Hier siehst du die richtige Schreibung des Textes.
Das Schloss, in dem Dornröschen schlief, war der Sage nach die Sababurg im Reinhardswald. Lange Zeit war sie eine Ruine, und wie im Märchen rankte sich um Wald und Schloss eine dichte Dornenhecke. Es wird erzählt, die Brüder Grimm seien auf ihren Wanderschaften hier vorbeigekommen und eine alte Frau, die am Rande des Reinhardswaldes wohnte, hätte ihnen die Geschichte vom Dornröschen erzählt. **22** ✔ für jede korrekte Großschreibung
9 ✔ für korrekte Satzzeichen

/4 **2** Der Text enthält vier Nebensätze, wobei zwei von ihnen mit *und* verbunden aufgezählt werden. Diese beiden Nebensätze sind Subjektsätze:
die Brüder Grimm seien auf ihren Wanderschaften hier vorbeigekommen und eine alte Frau hätte ihnen die Geschichte vom Dornröschen erzählt. ✔✔
Die anderen beiden Nebensätze sind Relativsätze:
in dem Dornröschen schlief ✔
die am Rande des Reinhardswaldes wohnte ✔

/2 **3** Mit diesen Konjunktivformen wird wiedergegeben, was andere erzählt haben.
sie seien vorbeigekommen; sie hätte erzählt ✔✔

/16 **4** Die gegebenen Wörter sind passende Beispiele. **16** ✔

kurzer Stammvokal		langer Stammvokal	
Schloss	lange	schlief	war
rankte	Wald	Sage	wie
dichte	Dornenhecke	erzählt	die
Grimm	Wanderschaften	Brüder	ihren
alte	Rande	wohnte	ihnen

/4 **5** Dornröschen, Sababurg, Reinhardswald, Brüder Grimm ✓✓✓✓

/8 **6** Zum besseren Verständnis findest du hier nicht nur die finiten Verbformen, sondern auch die zugehörigen Subjekte sowie das vollständige Prädikat.
(Dornröschen) schlief, (das Schloss) war, (sie) war, ✓✓✓
(eine Dornenhecke) rankte sich, (es) wird (erzählt), ✓✓
(die Brüder Grimm) seien (vorbeigekommen), (die) wohnte, ✓✓
(eine alte Frau) hätte (erzählt) ✓

/20 **7** Zehn Verbformen mussten unterstrichen und bestimmt werden.

Kyffhäuser
„Wenn des Kaisers Bart dreimal um den Tisch (1) gewachsen ist, dann (2) wird er wieder aus dem Berg herauskommen, und alles (3) wird gut werden." So (4) heißt es in der Sage vom Kaiser Barbarossa, der im 12. Jahrhundert (5) lebte und von dem die Leute (6) glaubten, dass er nicht (7) gestorben sei, sondern im Berg Kyffhäuser (8) weitergelebt habe. „Barbarossa" (9) ist ein italienischer Name und (10) bedeutet einfach nur „Rotbart".
10 ✓

(1) 3. P. Sg. Perfekt Indikativ Aktiv
(2) 3. P. Sg. Futur Indikativ Aktiv
(3) 3. P. Sg. Futur Indikativ Aktiv
(4) 3. P. Sg. Präsens Indikativ Aktiv
(5) 3. P. Sg. Präteritum Indikativ Aktiv
(6) 3. P. Pl. Präteritum Indikativ Aktiv
(7) 3. P. Sg. Perfekt Konjunktiv Aktiv
(8) 3. P. Sg. Perfekt Konjunktiv Aktiv
(9) 3. P. Sg. Präsens Indikativ Aktiv
(10) 3. P. Sg. Präsens Indikativ Aktiv
10 ✓

/8 **8** Viele Jahre nach Kaiser Rotbart gab es in Deutschland wieder einen Kaiser mit Bart – einem weißen allerdings. Wilhelm I. hieß er, und er ließ seinem berühmten Vorgänger ein Denkmal auf dem Kyffhäuser errichten. Der Weg hinauf zum Denkmal führt vorbei an den Überresten der alten Burg Kyffhausen. Das war eine riesige Anlage aus mehreren Einzelburgen. Es gibt dort heute ein interessantes Burgmuseum und den tiefsten Burgbrunnen Deutschlands zu sehen. Interessante Ausgrabungen zeigt auch die Königspfalz Tilleda, die am Fuß des Kyffhäuser liegt. **8** ✓

Lösungen zu Test 2

Vorbemerkung: Die Tests 2 und 3 lassen sich nicht so einfach mit Punkten bewerten, da am Ende eine komplexe Schreibleistung erwartet wird. Damit du dennoch einen Anhaltspunkt zur Einschätzung deiner Leistung hast, findest du auf der CD-ROM bei der Checkliste zu diesem Kapitel Hilfen zur Selbsteinschätzung.

1 a)

Ort	im Wohnzimmer
Zeit	nach der Schule / in der Zukunft (Gesellschaft ohne Bücher)
handelnde Personen	„das Kind“: namenloses Schulkind, nicht näher charakterisiert Ich-Erzähler: familiäre Beziehung zu dem Kind, wahrscheinlich Elternteil, Erwachsener mit Erinnerung an den Umgang mit Büchern
Handlungverlauf	Ein Kind kommt von der Schule nach Hause und erzählt vom Besuch in einem Museum, bei dem es das letzte Buch angesehen hat. Der Ich-Erzähler möchte Näheres über das Buch wissen. Das Kind kann jedoch nichts dazu sagen, da es nur das Äußere des Buchs sehen konnte und keine Vorstellungen vom Inhalt eines Buches hat. So verliert es schnell das Interesse und wendet sich dem Fernsehen zu, das das Lesen vollständig ersetzt hat.

b)

Erzählperspektive	Ich-Erzähler
Titel-Text-Beziehung	Titel weist auf eine Zukunftsvision hin: Das letzte Buch ist nur noch im Museum zu besichtigen. Die Menschen lesen keine Bücher mehr.

c)

Interpretationshypothese	Die Autorin warnt vor dieser möglichen Entwicklung. Sie empfindet den Rückgang des Leseinteresses als Verlust.

d)

Textart	Kurzgeschichte – geradliniger, linearer Aufbau; keine Nebenhandlung – Beschränkung auf 2 Personen, die anonym bleiben – unvermittelter Anfang und offener Schluss – wenig äußere Handlung: kurzer Dialog innerhalb einer kurzen Zeitspanne – einfache Sprache

e)

sprachlich-stilistische Besonderheiten / formale Auffälligkeiten	– keine Kennzeichnung der wörtlichen Rede – überwiegend einfache Sätze (Hauptsätze) – ausdrucksstarke Verben lediglich bei der Schilderung des Fernsehprogramms: *Der trübe Fluss schmatzte, die eingeborenen Treiber schrien.*

2 Individuelle Lösung.
Beim Schreiben des Aufsatzes ist besonders auf eine klare Gliederung zu achten.

Lösungen zu Test 3

1 Zum Text lassen sich folgende Bemerkungen machen.

Klimawandel und Windmühlenchaos In den Zeitungen und Zeitschriften werden immer neue Horrorszenarien entworfen. In wenigen Jahren sollen ganze Landstriche verwüsten, soll das Wasser knapp werden und die Temperatur ansteigen.	Einleitung und Themenangabe
Soweit die Märchen. Doch schauen wir uns einmal die Realität an. Die Niederschläge in Mitteleuropa nehmen zu statt ab. Die Sommer sind nach wie vor durchwachsen und häufig zu kühl und auch Herbst und Winter sind durch das Temperaturgefälle als Jahreszeiten erkennbar.	Behauptungen
Wo ist also das Problem? Oder gibt es gar kein Problem? Ist es nur der Wunsch der Windkraftlobby? Wollen diese Menschen weiter unsere Landschaft durch die riesigen stählernden Windmühlen verschandeln? Glaubt wirklich jemand daran, dass wir so unseren Energiebedarf decken können? Oder sollen wir wieder als Höhlenmenschen ohne Strom leben?	Fragen, die versuchen, die Kritiker unglaubwürdig erscheinen zu lassen.

These: Ein Klimawandel ist nicht erkennbar.
Einschätzung: Der Text ist wenig überzeugend, da kaum argumentiert wird. Eine Aneinanderreihung von Fragen ersetzt keine Argumentation.

2 Die Gegenthese könnte lauten:
Die verheerenden Auswirkungen des Klimawandels zeigen sich bereits heute – und weltweit.

3 Hier findest du einige Anregungen für deine Stoffsammlung.
- Zunahme an Naturkatastrophen – direkte Auswirkung
- messbares Schmelzen des Polareises
- steigende Ozonbelastung des Menschen
- Studien der UNO und anderer Organisationen als Beleg

4 Individuelle Lösung.

Vergleiche nun bei jeder Aufgabe die von dir erreichten Punkte mit den maximal möglichen. Eine Hilfe zu dieser Auswertung findest du als Check-listen auf der CD. Wenn du im Unterricht auch schon den ganzen Stoff behandelt hast, der hier abgefragt wurde, vergleiche auch die Punktezahl insgesamt.
Du kannst nun selbst abschätzen, wo du noch etwas mehr üben musst: überall da, wo du die maximale Punktzahl nicht erreicht hast, solltest du die entsprechenden Kapitel nochmals durcharbeiten.

Alle Tests aus dem Buch

Die CD-ROM-Versionen der Tests eignen sich hervorragend zum Ausdrucken. Auf diesen Ausdrucken ist dann genug Platz für die Antworten.
So können alle Tests problemlos wiederholt werden.

Die Dateien sind nach folgendem Schema benannt:
Kapitel 1, Test 1 .... Kapitel01Test1.pdf
Kapitel 1, Test 2 .... Kapitel01Test2.pdf
...
Abschlusstest .... Abschlusstest.pdf

Zusätzliche Aufgaben

Auf der CD finden sich zusätzlichen Aufgaben (zusatz.pdf).
Sie eignen sich zum Vertiefen, Wiederholen und Üben.
Die Lösungen stehen hinter den Aufgaben.

Sonstiges

Die Diktate, auf die im Buch verwiesen wird, sind als MP3-Audiodateien ebenfalls auf der CD-ROM.

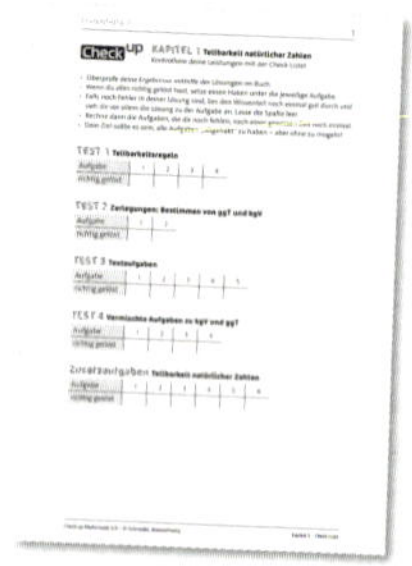

Des Weiteren befinden hier noch ausführliche **Beispiel-lösungen** (loesungen.pdf) und eine Darstellung zur äußeren Form des **Protokolls** (protokoll.pdf).

Mithilfe der **Check-Listen** zu den einzelnen Kapiteln kann der individuelle Lernfortschritt schnell überprüft werden.

Die Check-Liste zum Abschlusstest hilft, Wissenslücken schnell zu erkennen – und zu beheben!

Die Dateien auf der CD-ROM haben das **pdf-Format**. Zum Ansehen und Ausdrucken wird der AcrobatReader™ benötigt, den man kostenlos aus dem Internet laden kann. Alle Dateien sind im DIN-A4-Format in schwarz-weiß angelegt. Um die pdf-Dateien in Originalgröße auszudrucken (bei manchen Tests ist das wichtig), sollte darauf geachtet werden, dass im Druckmenü bei „Seitenanpassung" „keine" steht.